BESTACTIVITYBOOKS.COM

Copyright © 2022 LINGUAS CLASSICS

PRIMA EDIZIONE 2022

Illustrazione Grafica Extra: www.freepik.com
Grazie a Alekksall, Starline, Pch.vector, Rawpixel.com,
Vectorpocket, Dgim-studio, Upklyak, Macrovector,
Stockgiu, Pikisuperstar & Freepik.com Designers

Scoprire i Giochi Gratuiti Online

Disponibile Qui:

BestActivityBooks.com/FREEGAMES

5 CONSIGLI PER INIZIARE

1) COME RISOLVERE LE PAROLE INTRECCIATTE

I puzzle hanno un formato classico:

- Le parole sono nascoste senza spazi o trattini,...
- Orientamento: Le parole possono essere scritte in avanti, indietro, verso l'alto, verso il basso o in diagonale (possono essere invertite).
- Le parole possono sovrapporsi o intersecarsi.

2) APPRENDIMENTO ATTIVO

Accanto ad ogni parola c'è uno spazio per scrivere la traduzione. Per incoraggiare l'apprendimento attivo, un **DIZIONARIO** alla fine di questa edizione vi permetterà di controllare e ampliare le vostre conoscenze. Cerca e scrivi le traduzioni, trovale nel puzzle e aggiungile al tuo vocabolario!

3) SEGNARE LE PAROLE

Puoi inventare il tuo sistema di segni. Forse ne usi già uno? Per esempio, puoi segnare le parole difficili da trovare con una croce, le parole preferite con una stella, le parole nuove con un triangolo, le parole rare con un diamante, e così via.

4) STRUTTURARE L'APPRENDIMENTO

Questa edizione offre un **TACCUINO** alla fine del libro. In vacanza, in viaggio o a casa, puoi organizzare facilmente le tue nuove conoscenze senza bisogno di un secondo quaderno!

5) AVETE FINITO TUTTE LE GRIGLIE?

Nelle ultime pagine di questo libro, nella sezione della **SFIDA FINALE**, troverete un gioco gratuito!

Facile e veloce! Dai un'occhiata alla nostra collezione di libri di attività per il tuo prossimo momento di divertimento e **apprendimento,** a portata di clic!

Trova la tua prossima sfida su:

BestActivityBooks.com/MioProssimoLibro

Ai vostri posti, pronti...Via!

Sapevi che ci sono circa 7.000 lingue diverse nel mondo? Le parole sono preziose.

Amiamo le lingue e abbiamo lavorato duramente per creare libri di altissima qualità. I nostri ingredienti?

Una selezione di argomenti adatti all'apprendimento, tre buone porzioni di intrattenimento, una cucchiaiata di parole difficili e una spolverata di parole rare. Li serviamo con amore e entusiasmo in modo che tu possa risolvere i migliori giochi di parole e divertirti imparando!

La vostra opinione è essenziale. Puoi partecipare attivamente al successo di questo libro lasciandoci un commento. Ci piacerebbe sapere cosa ti è piaciuto di più di questa edizione.

Ecco un link veloce alla pagina dell'ordine:

BestBooksActivity.com/Recensione50

Grazie per il vostro aiuto e buon divertimento!

Tutta la squadra

1 - Scacchi

```
J  P  B  N  B  İ  B  A  M  T  P  P  Z  R
O  S  E  V  U  M  K  H  Y  A  A  İ  O  A
O  O  Y  Y  A  R  I  Ş  M  A  S  P  R  K
Z  T  A  O  U  P  Ö  J  İ  L  I  M  L  I
H  K  Z  B  D  G  C  Ğ  K  F  F  S  U  P
S  T  R  A  T  E  J  İ  R  M  B  Z  K  İ
I  Ü  Ç  A  P  R  A  Z  İ  E  Q  C  L  E
Y  Z  M  J  L  R  Y  Y  P  Q  N  P  A  A
A  Ü  B  O  Y  U  N  C  U  L  Q  M  R  Z
H  K  Ş  A  M  P  İ  Y  O  N  C  P  E  D
F  R  İ  I  V  Y  Y  U  Y  D  O  R  T  K
K  R  A  L  İ  Ç  E  K  U  R  B  A  N  F
T  U  R  N  U  V  A  O  N  M  V  Z  D  K
Z  A  M  A  N  Q  M  V  J  L  B  M  G  E
```

RAKIP
BEYAZ
ŞAMPİYON
YARIŞMA
ÇAPRAZ
OYUNCU
OYUN
SIYAH
PASIF

ÖĞRENMEK
KRAL
KRALIÇE
TÜZÜK
KURBAN
ZORLUKLAR
STRATEJİ
ZAMAN
TURNUVA

2 - Strumenti

```
K E D Z M D E R A J İ L E T
U R D K P E N S E K S Y V A
Z Q I H I M L O M Ü C T J M
B Q B Y P T E Q N R Q Z U A
I A S C M U E R Ç E K I Ç K
Ç J L E E T H K D K R H B A
A Y F T Ş K Z A E I K Q U S
K A T V A A K B S R V I D A
I H Q E L L K L I B L E Y T
T B E L Z U O H J D E N M
U Q E Y N Z I M B A M K K N
U C E C R G Z L J R H Q F T
C O O P V R L T V T N L S V
G K V D J O G F T Y U O Y S
```

BALTA	KÜREK
KABLO	PENSE
TUTKAL	JİLET
BIÇAK	CETVEL
IP	TEKERLEK
ZIMBA	MERDIVEN
MAKAS	MEŞALE
ÇEKIÇ	VIDA

3 - Aggettivi #2

```
K  J  S  A  F  M  T  G  Z  D  O  Ğ  A  L
G  U  R  U  R  L  U  A  D  R  S  D  M  R
A  Ü  R  E  T  K  E  N  Z  A  R  I  F  G
S  Ç  B  U  V  A  I  N  D  M  S  V  H  M
O  E  I  K  C  S  T  H  Z  A  G  S  V  U
R  N  N  K  M  O  R  L  D  T  Ü  N  L  Ü
U  T  O  G  L  T  E  L  I  İ  Ç  B  I  B
M  E  R  Y  Z  A  E  C  S  K  L  Y  Z  N
L  R  M  E  C  N  Y  P  F  V  Ü  T  M  L
U  E  A  N  C  T  N  I  G  Z  N  C  E  Q
O  S  L  I  S  I  O  P  C  Z  G  Q  S  U
A  A  F  Q  L  K  J  J  G  I  H  J  J  Q
B  N  B  Q  B  A  Y  A  R  A  T  I  C  I
T  U  Z  L  U  Ç  S  A  Ğ  L  I  K  L  I
```

AÇ	ENTERESAN
KURU	DOĞAL
OTANTIK	NORMAL
YARATICI	YENI
AÇIKLAYICI	GURURLU
TATLI	ÜRETKEN
DRAMATİK	SAF
ZARIF	SORUMLU
ÜNLÜ	TUZLU
GÜÇLÜ	SAĞLIKLI

4 - Pesca

```
P  S  S  D  G  U  B  S  O  C  N  M  Y  S
A  L  A  Q  Q  Z  F  R  O  R  K  C  J  O
Q  Ğ  A  B  O  T  F  C  A  L  V  M  H  L
A  U  I  J  I  Y  F  S  K  S  M  G  L  U
N  K  L  R  O  R  P  S  S  E  P  E  T  N
I  V  G  Ö  L  Z  G  U  Z  Z  P  L  M  G
J  T  E  Y  S  I  H  V  O  O  K  M  R  A
T  K  N  B  Q  O  K  Y  A  N  U  S  V  Ç
E  I  F  B  L  V  J  E  A  Y  P  H  E  L
L  O  E  B  Y  Q  M  M  C  C  E  O  K  A
K  U  D  C  F  R  Z  K  B  Z  K  V  A  R
A  B  A  R  T  I  N  E  H  I  R  H  N  Y
A  U  Q  T  Q  T  Ç  E  N  E  G  A  C  O
D  D  L  L  G  R  Z  O  F  F  L  D  A  T
```

SU	KANCA
BOT	GÖL
SOLUNGAÇLAR	ÇENE
SEPET	OKYANUS
ABARTI	SABIR
YEM	AĞIRLIK
TEL	PLAJ
NEHIR	SEZON

5 - Aggettivi #1

```
Ö  Ö  G  U  E  G  T  C  Y  B  I  D  P  B
Z  N  N  E  N  E  T  K  I  N  U  Z  U  N
D  Y  Y  E  O  N  A  Ğ  I  R  C  B  D  R
E  Ü  G  J  M  Ç  L  M  M  L  Ö  P  E  I
Ş  R  R  V  I  L  A  O  H  Y  M  E  Ğ  O
S  J  L  Ü  I  H  I  D  M  A  E  G  E  B
I  N  C  E  S  U  I  E  P  V  R  Z  R  Ü
U  I  I  R  A  T  L  R  K  A  T  O  L  Y
J  G  S  S  N  T  J  N  S  Ş  S  T  I  Ü
P  K  O  C  A  M  A  N  L  L  U  I  N  K
L  H  Z  V  T  G  R  Q  L  D  I  K  J  T
M  J  H  K  S  K  U  S  U  R  S  U  Z  J
P  H  Y  S  A  M  U  T  L  A  K  K  H  R
Y  U  A  C  L  A  R  O  M  A  T  İ  K  D
```

HIRSLI	ÖZDEŞ
AROMATİK	ÖNEMLI
SANATSAL	YAVAŞ
MUTLAK	UZUN
ETKIN	MODERN
KOCAMAN	DÜRÜST
EGZOTIK	KUSURSUZ
CÖMERT	AĞIR
GENÇ	DEĞERLI
BÜYÜK	INCE

6 - Geologia

```
E K A L S İ Y U M M G C E U
R R V S K R İ S T A L L E R
O U O A G A Y Z E R A A C G
Z B L R I K N B O V H S V R
Y U K K M I Q D B F O S İ L
O M A İ T K N F H O H D T
N A N T A U K A T M A N A
J Ğ Y P E Y V T U Z I S U Ş
R A C U R Y A Y L A D P R I
G R S P A G R I E L E Q M H
Q A I H L Z S S C T P K D J
G H B Ö L G E L I M R Q K G
M R A M E R C A N T E P R I
E E G V R L M D U B M P U G
```

ASİT	LAV
YAYLA	MİNERALLER
KALSİYUM	TAŞ
MAĞARA	KUVARS
KITA	TUZ
MERCAN	SARKIT
KRİSTALLER	KATMAN
EROZYON	DEPREM
FOSİL	VOLKAN
GAYZER	BÖLGE

7 - Campeggio

```
B  S  B  Z  H  A  Ğ  A  Ç  L  A  R  P  H
U  J  L  M  G  A  F  B  M  D  B  M  U  A
B  L  H  D  Ö  E  R  O  A  O  Q  G  S  Y
A  V  C  I  L  I  K  İ  J  Ğ  U  B  U  V
K  A  B  İ  N  O  A  D  T  A  J  S  L  A
B  Ö  C  E  K  E  R  T  Ş  A  P  K  A  N
E  Ğ  L  E  N  C  E  M  E  N  F  E  G  L
K  J  N  I  R  O  K  M  A  Ş  Z  G  V  A
C  A  E  Q  H  D  J  A  L  N  Q  S  A  R
I  P  U  D  A  B  U  C  R  G  P  E  Y  Q
K  A  N  O  M  V  A  E  R  C  A  D  A  Ğ
U  V  I  Ç  A  D  I  R  A  T  V  D  I  V
K  H  E  U  K  S  B  A  N  N  H  L  L  D
S  D  P  A  H  T  L  K  H  G  C  A  Q  D
```

AĞAÇLAR	EĞLENCE
HAMAK	ORMAN
HAYVANLAR	ATEŞ
MACERA	BÖCEK
PUSULA	GÖL
KABİN	AY
AVCILIK	HARİTA
KANO	DAĞ
ŞAPKA	DOĞA
IP	ÇADIR

8 - Arti Visive

```
Ş  A  B  L  O  N  S  P  N  T  Y  T  B  L
T  E  B  E  Ş  İ  R  A  I  D  A  C  A  O
E  Y  A  F  L  A  A  Q  N  P  R  P  Ş  A
A  I  E  L  B  O  Y  A  M  A  A  R  Y  L
F  O  T  O  Ğ  R  A  F  P  B  T  L  A  N
F  H  E  Y  K  E  L  M  E  A  I  Ç  P  P
P  I  N  L  T  N  D  B  R  L  C  O  I  F
H  O  L  C  S  I  U  T  S  M  I  R  T  K
P  L  R  M  A  N  H  V  P  U  L  C  I  I
D  K  O  T  M  K  A  L  E  M  I  O  H  L
Q  T  K  B  R  S  C  Z  K  U  K  J  R  Q
L  R  V  B  D  E  O  N  T  J  K  K  T  A
L  Ş  Ö  V  A  L  E  A  I  L  V  O  Z  B
M  İ  M  A  R  İ  S  Z  F  S  A  T  H  O
```

MİMARİ
KIL
SANATÇI
BAŞYAPIT
ŞÖVALE
BALMUMU
YARATICILIK
FILM

FOTOĞRAF
TEBEŞIR
KALEM
BOYAMA
PERSPEKTIF
PORTRE
HEYKEL
ŞABLON

9 - Tempo

```
P T U K N B S P C D S Z G H
Ö S Ö J I G U O B Ü A Y E T
N Q G Ğ R E R G Ü N A G L H
C R I C L C B C Ü A T T E L
E C Z A H E K S O N R A C C
U Y L R G R F A H M O K E Y
L Ş I M D I D B H T Y V K I
B O O L Q V R A K G Ü I E L
D N H T L P G H B C Z M Q Q
H Y I Z F I Q A T U Y T L B
U I O K J T K F K N I M Z C
H L I O E B V T H Y L I D M
D A K İ K A J A M O C G Z Y
I B Y A J D E D N F Q M L S
```

YIL	ÖĞLE
YILLIK	DAKİKA
TAKVIM	AN
ON YIL	GECE
SONRA	BUGÜN
GELECEK	SAAT
GÜN	ŞIMDI
DÜN	ÖNCE
SABAH	YÜZYIL
AY	HAFTA

10 - Astronomia

```
G U F Z G Z T S Q U E M R B
E Y R O Ö E E O D Y Q V A A
Z K J D K K L Z P E J T D Y
E K U Y A İ E Z E R R G Y N
G V L A D N S F B Ç A Ö A A
E U R K A O K Q M E B K S B
N H G E R K O Q E K U Y Y L
N E P B N S P T T İ L Ü O G
A S T R O N O M E M U Z N Ö
A S T R O N O T O İ T Ü T K
R O K E T A H M R U S H I S
S Ü P E R N O V A Y U F G E
R A S A T H A N E B L Q J L
U T A K I M Y I L D I Z J D
```

ASTRONOT
ASTRONOM
GÖKSEL
GÖKYÜZÜ
TAKIMYILDIZ
EKİNOKS
GÖKADA
YERÇEKİMİ
AY
METEOR

BULUTSU
RASATHANE
GEZEGEN
RADYASYON
ROKET
SÜPERNOVA
TELESKOP
TOPRAK
EVREN
ZODYAK

11 - Circo

```
D  Ç  O  I  Z  B  K  O  S  T  Ü  M  P  A
J  H  A  Y  V  A  N  L  A  R  I  Ş  A  K
L  I  J  D  V  C  B  F  L  I  L  E  L  R
T  L  E  B  I  N  İ  E  P  G  E  K  Y  O
A  E  F  A  C  R  L  I  U  S  O  E  A  B
S  M  Z  C  A  U  E  B  O  O  I  R  Ç  A
L  İ  A  L  A  Y  T  B  I  U  M  H  O  T
A  Q  H  B  B  A  L  O  N  L  A  R  I  T
N  O  P  İ  B  H  R  B  U  J  Y  A  Y  R
S  E  Y  I  R  C  I  N  K  O  M  L  C  Z
H  O  K  K  A  B  A  Z  F  Y  U  J  F  U
P  Q  F  C  A  K  A  P  L  A  N  F  N  O
J  C  M  U  F  M  Ü  Z  I  K  D  B  N  K
M  U  H  T  E  Ş  E  M  F  I  L  M  V  J
```

AKROBAT	SİHİRBAZ
HAYVANLAR	MÜZIK
BİLET	BALONLAR
ŞEKER	ALAY
PALYAÇO	MAYMUN
KOSTÜM	MUHTEŞEM
FIL	SEYIRCI
HOKKABAZ	ÇADIR
ASLAN	KAPLAN
SIHIR	HILE

12 - Mitologia

```
G  Ö  K  G  Ü  R  Ü  L  T  Ü  S  Ü  P  K
Z  T  U  Ö  L  Ü  M  S  Ü  Z  L  Ü  K  P
B  F  V  A  K  Z  S  A  V  A  Ş  Ç  I  K
S  S  V  J  E  I  N  A  N  Ç  V  F  U  A
V  V  E  T  E  F  S  A  N  E  P  G  O  H
S  G  T  I  L  Q  H  K  D  J  F  R  Y  R
L  A  B  İ  R  E  N  T  A  C  P  R  A  A
F  Ö  B  Ü  Y  Ü  L  Ü  V  N  H  I  R  M
E  L  Y  Q  A  U  F  H  R  U  Ç  A  A  A
L  Ü  H  P  R  F  H  O  A  M  U  L  T  N
A  M  A  N  A  M  S  P  N  U  V  O  I  O
K  L  U  Q  T  D  C  B  I  N  T  K  L  K
E  Ü  A  J  I  I  O  F  Ş  E  R  E  I  R
T  E  N  P  K  K  Ü  L  T  Ü  R  D  Ş  G
```

NUMUNE	KISKANÇLIK
DAVRANIŞ	SAVAŞÇI
YARATIK	ÖLÜMSÜZLÜK
YARATILIŞ	LABİRENT
INANÇ	EFSANE
KÜLTÜR	BÜYÜLÜ
FELAKET	ÖLÜMLÜ
KAHRAMAN	GÖK GÜRÜLTÜSÜ
KUVVET	

13 - Piante

```
S  A  R  M  A  Ş  I  K  Q  P  C  B  Y  I
Ç  C  P  C  K  T  K  L  P  H  M  V  E  E
J  I  C  U  Q  P  H  Ö  K  B  N  N  Ş  E
T  F  Ç  M  T  R  Z  A  K  Y  B  D  İ  F
A  N  N  E  C  I  N  A  B  C  N  E  L  M
R  B  S  E  K  S  M  E  E  T  V  F  L  I
E  Q  Z  Q  O  G  Ü  B  R  E  B  A  İ  K
N  Y  A  P  R  A  K  A  K  T  Ü  S  K  U
G  I  D  B  M  U  T  H  H  M  Y  U  D  D
T  I  U  B  A  Ğ  A  Ç  G  U  Ü  L  Y  F
C  O  T  J  N  M  B  E  F  B  M  Y  O  L
Ç  A  L  I  K  O  B  O  K  S  E  E  S  O
Y  H  Z  Z  M  C  C  U  N  J  K  T  U  R
K  D  B  B  O  T  A  N  İ  K  D  P  N  A
```

AĞAÇ	GÜBRE
DUT	ÇİÇEK
BAMBU	FLORA
BOTANİK	YEŞİLLİK
KAKTÜS	ORMAN
ÇALI	BAHÇE
BÜYÜMEK	YOSUN
SARMAŞIK	YAPRAK
OT	KÖK
FASULYE	

14 - Spezie

```
Z  B  D  G  C  F  E  J  C  T  U  Z  K  J
D  Z  V  K  N  P  A  G  U  K  P  E  İ  A
K  Ö  R  İ  S  O  Ğ  A  N  A  G  R  R  N
İ  D  S  M  M  A  Q  K  Z  K  J  D  M  A
Ş  D  P  Y  T  E  F  T  E  U  B  E  İ  S
N  T  S  O  H  A  Y  R  Y  L  V  Ç  Z  O
İ  K  E  N  R  B  R  A  A  E  U  A  İ  N
Ş  B  V  F  V  P  B  Ç  N  N  T  L  B  J
Q  C  J  T  A  C  İ  V  İ  L  A  U  İ  I
R  E  Z  E  N  E  B  Z  P  N  T  D  B  I
N  V  K  F  İ  P  E  G  Z  B  L  R  E  N
D  İ  N  V  L  V  R  Q  U  P  I  U  R  E
Q  Z  M  V  Y  S  A  R  I  M  S  A  K  F
G  Q  I  E  A  Z  E  N  C  E  F  İ  L  J
```

SARIMSAK	TATLI
ACI	REZENE
ANASON	MEYAN
TARÇIN	CEVİZ
KAKULE	KIRMIZI BİBER
SOĞAN	BIBER
KİŞNİŞ	TUZ
KİMYON	VANİLYA
ZERDEÇAL	SAFRAN
KÖRİ	ZENCEFIL

15 - Numeri

```
O  N  I  K  I  O  N  D  Ö  R  T  F  C  G
N  N  M  D  O  K  U  Z  I  D  Z  D  V  S
Y  Y  Ü  E  J  B  H  F  C  Ö  J  Ü  R  P
E  S  R  Ç  T  M  L  L  U  R  O  Ç  F  S
D  Y  E  D  İ  Q  V  A  G  T  L  O  B  O
I  U  C  K  Y  Z  Z  K  R  C  C  N  P  P
O  F  A  P  İ  B  G  Q  Q  S  A  D  L  I
O  N  P  N  R  Z  D  J  A  E  E  O  S  E
N  Y  A  2  M  Y  L  O  N  S  E  K  I  Z
D  A  L  L  İ  T  T  A  T  B  M  U  F  Q
A  Y  T  N  T  E  B  E  B  I  R  Z  I  Z
L  O  I  B  F  I  E  T  E  A  B  N  R  T
I  K  R  Y  Y  G  Ş  K  M  I  I  Q  O  Q
K  S  Q  E  N  Z  G  N  T  A  V  V  N  T
```

BEŞ	DÖRT
ONDALIK	ON ALTI
ON DOKUZ	ALTI
ON YEDI	YEDİ
ONSEKIZ	ÜÇ
ON	ON ÜÇ
ON IKI	BIR
DOKUZ	YİRMİ
SEKİZ	SIFIR
ON DÖRT	

16 - Cioccolato

```
I  Ç  E  R  I  K  K  U  M  A  C  I  H  R
K  A  L  I  T  E  R  A  Y  N  S  D  Z  Q
D  L  L  Y  I  U  I  R  R  T  E  R  T  N
L  R  Ö  N  L  S  T  J  F  İ  H  C  S  K
E  G  Z  O  T  I  K  O  O  O  Q  F  M  Y
Z  I  L  C  G  R  A  Ş  Z  K  L  M  N  B
Z  Y  E  M  E  K  R  E  E  S  I  Z  P  U
E  T  M  A  C  G  A  K  P  İ  T  Y  A  Q
T  D  A  Q  K  N  M  E  H  D  V  T  E  V
L  N  F  T  A  S  E  R  F  A  N  A  Y  F
I  O  P  Q  L  O  L  E  J  N  G  T  Y  C
K  D  A  C  O  I  K  A  K  A  O  B  V  S
F  A  V  O  R  I  Z  A  N  A  A  T  Z  D
M  Y  K  C  İ  A  R  O  M  A  L  U  Y  A
```

ACI	TATLI
ANTİOKSİDAN	EGZOTIK
AROMA	TAT
ZANAAT	IÇERIK
ÖZLEM	YEMEK
KAKAO	TOZ
KALORİ	FAVORI
KARAMEL	KALITE
LEZZETLI	ŞEKER

17 - Guida

```
T  A  Ş  I  M  A  C  I  L  I  K  H  R  R
G  R  B  K  L  C  O  Q  V  Y  B  A  Y  D
F  E  S  U  D  F  M  O  J  A  A  R  A  H
V  H  N  B  H  I  Z  B  I  O  C  İ  K  Z
O  T  O  B  Ü  S  M  O  T  O  R  T  I  A
A  T  R  O  Q  S  C  A  G  B  F  A  T  R
Y  D  K  A  Z  A  U  N  Q  L  R  A  T  A
E  F  N  E  F  H  N  G  R  F  E  L  G  B
M  O  T  O  S  İ  K  L  E  T  N  İ  A  A
N  T  E  H  L  I  K  E  G  C  L  S  Z  S
İ  Y  O  L  T  N  B  O  C  O  E  A  F  K
Y  A  Y  A  U  G  A  R  A  J  R  N  U  V
E  P  O  L  İ  S  K  E  H  R  U  S  D  K
T  Ü  N  E  L  H  H  Q  D  L  F  M  B  T
```

ARABA	MOTOR
OTOBÜS	YAYA
YAKIT	TEHLIKE
FRENLER	POLİS
GARAJ	EMNİYET
GAZ	YOL
KAZA	TRAFİK
LİSANS	TAŞIMACILIK
HARİTA	TÜNEL
MOTOSİKLET	HIZ

18 - Sport

```
B  H  B  H  F  S  H  B  H  H  Z  U  R  Y
I  O  A  F  O  O  N  E  J  Y  A  C  B  A
S  Y  S  R  C  K  Q  V  İ  U  Z  K  Z  Q
I  U  K  L  E  P  E  K  M  S  R  E  E  D
K  N  E  H  P  K  K  Y  N  G  O  L  F  M
L  C  T  S  F  Z  E  R  A  A  T  L  E  T
E  U  B  A  O  C  G  T  S  K  R  I  D  G
T  F  O  L  Y  S  V  A  T  A  F  Y  R  F
P  I  L  O  U  O  E  K  İ  Z  L  Q  D  T
H  K  L  N  N  C  S  I  K  A  A  V  Y  E
G  S  T  A  D  Y  U  M  E  N  V  D  G  N
Ş  A  M  P  İ  Y  O  N  V  A  P  G  I  İ
B  E  Y  Z  B  O  L  D  E  N  J  A  I  S
S  N  C  Q  B  K  O  Ç  J  G  K  T  I  Z
```

KOÇ	OYUN
HAKEM	GOLF
ATLET	HOKEY
BEYZBOL	HAREKET
BASKETBOL	SALON
BISIKLET	TAKIM
ŞAMPİYON	STADYUM
JİMNASTİK	TENİS
OYUNCU	KAZANAN

19 - Giocattoli

```
S  A  T  R  A  N  Ç  K  B  Q  I  T  O  I
A  S  H  T  R  E  N  J  O  Q  P  D  Y  N
P  Z  A  R  O  B  O  T  T  D  A  V  U  L
B  A  Y  B  O  T  O  P  A  L  U  T  N  F
U  Ç  A  K  I  Y  R  P  U  A  O  R  C  K
L  P  L  A  F  S  U  Ç  U  R  T  M  A  Z
M  F  G  M  D  A  I  N  Q  A  R  F  K  E
A  P  Ü  Y  D  E  V  K  L  B  S  I  B  B
C  C  C  O  S  L  Q  O  L  A  P  O  E  J
A  L  Ü  N  I  V  L  Q  R  E  R  R  B  Y
K  İ  T  A  P  L  A  R  P  I  T  C  E  P
J  U  B  C  D  T  L  Y  T  O  K  B  K  L
Z  T  K  D  K  K  F  H  R  C  V  C  I  P
U  A  Q  A  L  J  D  P  M  U  K  C  L  M
```

UÇAK	OYUNLAR
UÇURTMA	HAYAL GÜCÜ
KIL	KİTAPLAR
ARABA	TOP
OYUNCAK BEBEK	FAVORI
BOT	BULMACA
DAVUL	ROBOT
BISIKLET	SATRANÇ
KAMYON	TREN

20 - Strumenti di Cottura

```
T  R  A  H  D  D  T  O  S  T  C  F  E  I
T  R  Y  E  Q  K  E  V  G  İ  R  I  J  R
G  H  L  F  J  A  R  E  N  D  E  R  U  T
I  T  Z  S  A  Z  M  S  K  L  A  I  J  S
K  M  A  K  A  S  O  Y  Ü  V  C  N  T  Z
K  A  K  S  G  P  M  E  P  Z  R  I  C  C
A  A  U  C  U  A  E  E  T  H  G  J  V  N
P  U  Ş  R  E  T  T  S  O  B  A  E  H  A
A  G  Y  I  M  U  R  K  A  Z  A  N  Ç  O
K  G  K  C  K  L  E  B  L  E  N  D  E  R
J  S  J  G  Q  A  Y  E  I  R  Z  N  C  P
B  U  Z  D  O  L  A  B  I  Ç  A  T  A  L
T  R  H  Y  C  P  S  R  Q  S  A  R  N  Z
Y  S  Q  Z  A  H  U  U  Q  C  R  K  H  P
```

KAZAN	FIRIN
KEVGİR	BUZDOLABI
BIÇAK	BLENDER
KAPAK	RENDE
KAŞIK	SPATULA
SÜZGEÇ	SOBA
MAKAS	TERMOMETRE
ÇATAL	TOST

21 - Uccelli

```
G  H  M  J  E  H  T  T  G  S  P  N  B  T
G  U  K  A  G  I  C  A  Ü  K  E  Ö  Z  I
Ü  B  G  N  A  F  U  V  V  A  L  R  E  V
V  A  L  U  B  Y  M  U  E  R  İ  D  Ç  P
E  L  E  Y  K  A  Z  K  R  T  K  E  D  E
R  I  Y  U  S  T  P  B  C  A  A  K  O  N
C  K  L  M  M  U  A  Y  I  L  N  B  K  G
İ  Ç  E  U  G  K  P  V  N  Y  H  G  G  U
N  I  K  R  Y  A  A  D  U  G  M  J  Q  E
K  L  J  T  S  N  Ğ  T  R  S  D  B  E  N
V  P  Z  A  I  M  A  R  T  I  O  O  K  J
M  F  L  A  M  İ  N  G  O  H  G  G  U  G
D  E  V  E  K  U  Ş  U  C  L  Z  H  Ğ  N
V  U  D  U  Y  F  Q  E  B  M  Y  V  U  P
```

BALIKÇIL	PAPAĞAN
ÖRDEK	SERÇE
KARTAL	TAVUS
LEYLEK	PELİKAN
KUĞU	GÜVERCIN
GÜVERCİN	PENGUEN
GUGUK	TAVUK
FLAMİNGO	DEVEKUŞU
MARTI	TUKAN
KAZ	YUMURTA

22 - Giorni e Mesi

```
H O C O I G T K G C S S T G
C A O U O C A K H L F H O M
C K K G M O K H R E Y L Ü L
H A F T A A V P N A Ç V N L
E S Y T T K I K F E A H I V
U I P E K E M S R J R A S L
G M M L E Z M D K H Ş Z A J
B H J V O K I M Y Y A I N A
E I H N S G I B U O M R O Ğ
I Ş U B A T I M Q Z B A Q U
I A D M L P A Z A R A N F S
G R M Y I L A R A L I K D T
C U M A R T E S I Y J A Y O
P A Z A R T E S I T I E D S
```

AĞUSTOS	PAZARTESI
YIL	SALI
NISAN	ÇARŞAMBA
TAKVIM	AY
ARALIK	KASIM
PAZAR	EKIM
ŞUBAT	CUMARTESI
OCAK	EYLÜL
HAZIRAN	HAFTA
TEMMUZ	CUMA

23 - Casa

```
K  A  P  I  E  C  A  R  L  K  G  Z  O  R
İ  H  J  G  A  R  A  J  A  Y  N  A  J  B
L  S  Ü  P  Ü  R  G  E  M  U  S  L  U  K
İ  P  M  L  Q  T  C  Z  B  A  H  Ç  E  Ç
M  V  A  U  J  H  Z  D  A  K  D  A  C  A
E  N  L  K  T  S  Z  E  T  L  C  T  A  T
U  Q  L  P  Ü  F  C  A  A  N  B  I  V  I
R  B  F  U  E  T  A  M  V  O  I  R  K  K
T  Z  E  M  I  N  Ü  K  A  D  E  M  A  A
E  G  A  S  T  L  C  P  N  A  Q  M  I  T
T  S  C  U  Ç  I  T  E  H  J  R  F  S  I
S  A  L  V  D  U  V  A  R  A  U  V  L  H
K  Q  F  K  U  P  H  A  P  E  N  C  Z  F
Q  V  U  D  Ş  Ö  M  İ  N  E  L  E  Y  D
```

ÇATI KATI	DUVAR
KÜTÜPHANE	ZEMIN
ODA	KAPI
ŞÖMİNE	ÇIT
MUTFAK	MUSLUK
DUŞ	SÜPÜRGE
PENCERE	TAVAN
GARAJ	AYNA
BAHÇE	KİLİM
LAMBA	ÇATI

24 - Ristorante #1

```
D N S G Y Y U I K N F K H O
S K R I T A V U K A D V Z F
B C B D O Q R F Z P H C J G
U G T A S E E G L E Y V S B
S O S L H R Z E T Ç R I E A
M P J E N A E U J E Y T V Y
C L M R I P R D I T V Z L A
B L D J C H V A H E G G E N
Z E K İ H Q A V T A B A K G
D O B I S Q S K D L C I M A
T A T L I V Y R L Y I J E R
Y E M E K R O M U T F A K S
Z V L J Z V N B I Ç A K U O
M E N Ü L M U C A N J K A N
```

ALERJİ	YEMEK
KAHVE	MENÜ
BAYAN GARSON	EKMEK
ET	TABAK
GIDA	BAHARATLI
TAS	TAVUK
BIÇAK	REZERVASYON
MUTFAK	SOS
TATLI	PEÇETE

25 - Fantascienza

```
E  P  T  E  T  G  C  G  U  K  T  A  B  S
G  Ö  K  A  D  A  I  N  P  U  E  T  I  E
Ü  T  O  P  Y  A  B  Z  D  U  K  O  G  N
A  Ş  I  R  I  U  N  I  E  Y  N  M  E  A
R  O  B  O  T  L  A  R  L  M  O  İ  R  R
F  Ü  T  Ü  R  I  S  T  I  K  L  K  Ç  Y
Y  A  N  I  L  S  A  M  A  Q  O  I  E  O
H  H  J  S  V  N  İ  E  O  D  J  A  K  J
N  A  T  E  Ş  D  Ü  N  Y  A  I  I  Ç  C
A  Y  M  S  Z  G  E  Z  E  G  E  N  İ  B
F  A  N  T  A  S  T  I  K  M  Z  Z  Y  Z
B  L  M  G  O  E  Z  K  E  H  A  N  E  T
M  İ  M  U  P  A  T  L  A  M  A  Q  U  P
S  M  K  İ  T  A  P  L  A  R  H  O  N  L
```

ATOMİK	KİTAPLAR
SİNEMA	GIZEMLI
PATLAMA	DÜNYA
AŞIRI	KEHANET
FANTASTIK	GEZEGEN
ATEŞ	GERÇEKÇI
FÜTÜRISTIK	ROBOTLAR
GÖKADA	SENARYO
YANILSAMA	TEKNOLOJI
HAYALİ	ÜTOPYA

26 - Città

```
K O Y A B E P A Z A R R S S
L L D P B V C F P S Y E İ Ü
O F I R I N S Z G D S S N P
M K K Ü T Ü P H A N E T E E
Ü R U A Ç U T O L N N O M R
Z Q P L T İ H A E Y E R A M
E Y B N Y O Ç L R I D A Q A
S S O M U H H E İ A S N K R
T İ Y A T R O Y K L İ N İ K
A S N Ğ K İ T A P Ç I O E E
D A O A N J E Q G K İ Y R T
Y C L Z Q P L B R J U F C A
U R B A N K A K R A R J R O
M H A V A L İ M A N I E C R
```

HAVALİMANI
BANKA
KÜTÜPHANE
SİNEMA
KLİNİK
ECZANE
ÇİÇEKÇİ
GALERİ
OTEL
KİTAPÇI

PAZAR
MÜZE
MAĞAZA
FIRIN
RESTORAN
OKUL
STADYUM
SÜPERMARKET
TİYATRO

27 - Virtù #1

```
B  I  L  G  E  M  E  R  A  K  L  I  D  C
Y  A  K  I  L  L  I  F  H  T  Y  M  C  Ö
T  E  Ğ  İ  Y  İ  A  Y  M  Z  Y  S  H  M
U  E  O  I  S  A  N  A  T  S  A  L  A  E
T  I  M  G  M  D  L  C  H  B  R  B  S  R
K  G  T  I  I  S  S  K  M  Ü  A  E  T  T
U  Ü  I  Z  Z  U  I  Y  Ü  Y  R  V  A  D
L  V  N  E  J  U  P  Z  T  Ü  L  B  H  J
U  E  E  P  F  Y  P  F  E  L  I  M  V  H
E  N  J  R  A  O  E  M  V  E  E  Q  M  M
S  I  K  A  I  T  I  J  A  Y  L  U  V  U
N  L  V  T  H  M  G  O  Z  I  Q  H  Z  G
M  I  Z  I  F  T  L  G  I  C  L  N  G  O
U  R  Q  K  Y  P  M  I  H  I  L  G  L  I
```

BÜYÜLEYICI	BAĞIMSIZ
GÜVENILIR	AKILLI
TUTKULU	MÜTEVAZI
SANATSAL	HASTA
İYİ	PRATIK
MERAKLI	TEMIZ
VERIMLI	BILGE
CÖMERT	YARARLI

28 - Compleanno

```
K  B  D  Z  B  J  M  M  G  Y  Y  I  L  B
A  Ü  O  V  Y  K  B  Ş  Y  Ü  S  Z  V  I
R  Y  Ğ  E  P  S  Z  A  M  A  N  E  S  L
T  Ü  M  L  C  Q  I  R  K  H  K  Ğ  E  G
G  M  U  T  L  U  Z  K  Ö  Z  E  L  Y  E
N  E  Ş  E  L  I  V  I  A  A  B  E  P  L
Q  K  N  A  L  H  Z  H  F  S  U  N  L  I
G  C  V  Ç  B  H  I  U  U  Z  Y  C  G  K
M  T  M  M  L  E  E  A  H  L  Z  E  K  E
U  A  A  B  C  T  Z  V  H  E  D  L  E  I
M  K  O  R  P  V  V  J  G  I  D  V  K  U
L  V  K  U  T  L  A  M  A  L  S  I  E  M
A  I  T  A  R  A  F  R  C  F  Q  B  Y  U
R  M  U  A  R  K  A  D  A  Ş  L  A  R  E
```

ARKADAŞLAR	NEŞELI
YIL	GÜN
TAKVIM	GENÇ
MUMLAR	DOĞMUŞ
ŞARKI	TARAF
KART	HEDIYE
KUTLAMA	BILGELIK
BÜYÜMEK	ÖZEL
EĞLENCE	ZAMAN
MUTLU	KEK

29 - Fattoria #1

```
K  Ö  P  E  K  K  G  Q  S  A  M  A  N  K
T  O  H  U  M  S  A  T  C  T  T  E  H  C
A  Z  R  I  P  M  S  K  I  Y  M  M  S  A
V  B  I  P  I  R  I  N  Ç  D  O  M  U  Z
U  O  D  F  K  E  Ç  I  I  D  Z  M  C  J
K  G  G  H  Y  A  C  T  T  D  E  F  A  E
Z  G  N  Ü  N  R  T  A  B  F  S  Ş  Z  I
A  L  A  N  B  I  I  R  U  İ  Q  P  E  C
F  O  J  D  A  R  H  I  Z  K  N  S  B  K
J  I  Y  D  L  Q  E  M  A  E  J  E  D  G
Q  N  F  M  I  T  R  S  Ğ  D  I  T  K  D
F  E  Q  G  P  M  D  E  I  İ  K  K  R  P
F  L  N  M  M  B  J  N  S  Ü  R  Ü  E  Y
L  Z  E  F  C  U  O  N  Y  Y  R  M  D  R
```

SU	KEDİ
TARIM	SÜRÜ
ARI	DOMUZ
EŞEK	BAL
ALAN	İNEK
KÖPEK	TAVUK
KEÇI	ÇIT
AT	PIRINÇ
GÜBRE	TOHUM
SAMAN	BUZAĞI

30 - Paesaggi

```
B D D T U N D R A E M D G I
U A Q I I E G Ö L Z L T O I
Z Ğ T Z P H M A Ğ A R A J C
U U D A R I S D Y B K D K I
L K V I K R Y B U Z D A Ğ I
V J U Ç Ö L K B C D E N I Z
J A Z C B E I T E P E R Ş D
E M H S V C V K Q H H B E U
O Z A A A V O L K A N E L O
U N F Q D G N A D D R B A A
T Y K A I V Y G V Y E Y L G
O Y N A O P L A J Y Z A E R
V P R Q I P Y A R I M A D A
O K Y A N U S K E U Z S I J
```

ŞELALE
TEPE
ÇÖL
NEHIR
GAYZER
BUZUL
MAĞARA
BUZDAĞI
ADA
GÖL

DENIZ
DAĞ
VAHA
OKYANUS
BATAKLIK
YARIMADA
PLAJ
TUNDRA
VADI
VOLKAN

31 - Ristorante #2

```
M  D  P  D  S  G  A  R  S  O  N  G  I  U
M  Y  T  A  Z  A  T  S  L  M  L  U  D  N
H  E  F  O  M  Ç  L  Q  N  M  U  L  L  H
T  R  Y  U  L  O  U  A  A  A  M  B  H  Z
I  U  U  V  T  R  L  R  T  B  E  B  U  Z
S  E  Z  E  E  B  J  R  S  A  Z  L  C  E
B  A  H  A  R  A  T  L  B  I  E  E  K  P
S  E  B  Z  E  L  E  R  P  K  U  Z  A  G
E  F  S  O  V  I  B  A  L  I  K  Z  Ş  U
L  Ç  A  T  A  L  M  J  J  O  E  E  I  Z
A  H  V  Z  N  T  K  L  B  T  K  T  K  S
I  L  A  S  A  N  D  A  L  Y  E  L  V  R
H  P  Y  U  M  U  R  T  A  O  E  I  U  L
P  T  C  R  C  D  H  H  L  N  T  S  L  Z
```

SU	ÇORBA
MEZE	BALIK
GARSON	TUZ
KAŞIK	SANDALYE
LEZZETLI	BAHARAT
ÇATAL	KEK
MEYVE	YUMURTA
BUZ	SEBZELER
SALATA	

32 - Giardino

```
V S T O P R A K D U Z Q S P
C A E R T U A S Q O K T H F
A M V Ç A L I A P Y J R L J
Q T P L T M A F O B J N A Ç
K G Y G I E B R G A R A J I
N H O Z R H A O Ö L Z V A Ç
O Ç I T M U H J L E L E N E
B A J F I Z Ç K E İ K R N K
A Ğ A Ç K B E D T Y N A T T
U H H B T H O R T U M N G P
Z Z B A S M A Y D H N D T T
I C G N N Ç I M E N K A D Z
A V T K Ü R E K A T E R A S
N F T Q E T B O R K E Y J B
```

AĞAÇ

HAMAK

ÇALI

ÇIMEN

OTLAR

ÇIÇEK

GARAJ

BAHÇE

KÜREK

BANK

VERANDA

TIRMIK

ÇIT

GÖLET

TOPRAK

TERAS

TRAMBOLİN

HORTUM

ASMA

33 - Frutta

```
F  P  D  J  L  M  A  N  G  O  Y  F  P  A
E  C  L  G  I  T  U  R  U  N  C  U  L  H
Q  R  D  D  A  C  K  Z  S  O  L  J  İ  U
O  K  I  R  A  Z  R  G  O  G  V  D  M  D
Q  H  O  K  İ  V  İ  S  T  M  L  H  O  U
K  K  U  Y  S  Q  H  M  K  A  V  U  N  D
J  B  Ö  Ğ  Ü  R  T  L  E  N  Q  Y  O  U
J  Q  D  L  P  A  D  G  O  A  V  K  F  N
R  U  C  E  F  H  P  U  P  N  Z  Y  K  E
K  Y  U  L  A  Ş  E  F  T  A  L  I  A  K
O  A  R  M  U  T  S  T  J  S  G  V  Y  T
P  A  P  A  Y  A  V  O  K  A  D  O  I  A
Ü  Z  Ü  M  J  O  B  L  B  Q  E  V  S  R
K  K  S  F  I  A  M  Y  I  I  E  Q  I  Q
```

KAYISI	MANGO
ANANAS	ELMA
TURUNCU	KAVUN
AVOKADO	BÖĞÜRTLEN
DUT	NEKTAR
MUZ	PAPAYA
KIRAZ	ARMUT
KİVİ	ŞEFTALI
AHUDUDU	ERIK
LİMON	ÜZÜM

34 - Fattoria #2

```
M  R  T  S  Ü  T  K  U  Z  U  J  Q  K  M
L  N  E  B  U  A  O  K  I  G  Q  M  Z  R
P  J  O  J  Z  L  V  H  D  J  J  V  T  L
B  U  Ğ  D  A  Y  A  R  P  A  G  I  D  A
V  V  R  E  G  G  N  M  Ç  I  F  T  Ç  I
U  H  A  Y  V  A  N  L  A  R  L  C  O  Ç
K  A  Z  L  A  R  B  Ö  E  E  A  D  B  A
R  R  L  M  G  B  U  A  R  M  M  M  A  Y
N  C  P  I  O  H  B  N  H  D  A  M  N  I
M  L  V  S  Y  A  H  I  R  Ç  E  S  S  R
U  R  Z  I  M  E  Y  V  E  O  E  K  N  A
K  B  T  R  A  K  T  Ö  R  T  M  K  N  P
D  S  Z  J  P  U  G  U  U  Z  L  U  O  N
K  O  Y  U  N  U  N  Y  A  G  E  K  U  T
```

KUZU	SULAMA
ÇIFTÇI	LAMA
KOVAN	SÜT
ÖRDEK	MISIR
HAYVANLAR	KAZLAR
GIDA	ARPA
AHIR	ÇOBAN
MEYVE	KOYUN
BAHÇE	ÇAYIR
BUĞDAY	TRAKTÖR

35 - Dinosauri

```
P  I  U  P  Q  S  E  R  T  O  P  R  A  K
H  R  D  E  I  I  M  O  A  D  J  E  A  U
H  T  E  U  V  J  K  A  B  P  R  P  L  Y
S  I  V  H  Y  V  Ö  E  F  J  G  R  G  R
B  R  A  V  İ  J  T  M  D  K  A  N  C  U
Y  A  S  O  Q  S  Ü  R  Ü  N  G  E  N  K
M  A  A  T  M  O  T  E  G  N  H  M  N  K
F  T  P  Ç  F  N  A  O  Y  Ü  K  N  M  M
B  O  Y  U  T  I  İ  K  R  C  Ç  T  V  A
Ü  H  H  L  G  N  J  V  D  İ  F  L  I  M
Y  E  V  R  I  M  Q  N  O  S  K  S  Ü  U
Ü  K  A  Y  B  O  L  M  A  R  P  D  Q  T
K  F  O  S  İ  L  L  E  R  S  E  E  O  Q
F  C  K  A  N  A  T  L  A  R  P  O  R  D
```

KANATLAR   GÜÇLÜ
KUYRUK   AV
DEVASA   PREHİSTORİK
OTÇUL   SÜRÜNGEN
EVRIM   KAYBOLMA
FOSİLLER   BOYUT
BÜYÜK   TOPRAK
MAMUT   KÖTÜ
OMNİVORE

36 - Verdure

```
Ş  A  U  M  I  Z  A  D  B  E  N  E  Y  E
P  A  T  A  T  E  S  O  E  N  B  J  A  I
D  B  L  T  K  O  K  M  Z  G  F  O  S  M
E  K  P  G  M  I  U  A  E  İ  D  B  S  G
I  S  O  Ğ  A  N  H  T  L  N  T  U  R  P
S  I  A  L  N  M  Q  E  Y  A  P  Q  B  Z
K  A  B  L  T  H  P  S  E  R  B  R  R  E
M  U  L  T  A  K  E  R  E  V  İ  Z  O  N
P  A  F  A  R  T  K  A  B  A  K  Z  K  C
M  L  M  S  T  Y  A  Q  N  C  C  E  O  E
Z  D  F  O  E  A  A  L  R  Z  J  Y  L  F
I  S  P  A  N  A  K  T  I  T  C  T  İ  I
H  A  V  U  Ç  U  A  M  G  K  T  I  U  L
S  A  R  I  M  S  A  K  C  Z  B  N  L  R
```

SARIMSAK	PATATES
BROKOLİ	BEZELYE
ENGİNAR	DOMATES
HAVUÇ	ŞALGAM
SALATALIK	TURP
SOĞAN	KEREVİZ
MANTAR	ISPANAK
SALATA	ZENCEFIL
ZEYTIN	KABAK

37 - Scuola #2

```
B M A T E M A T İ K V M O A
U I S Ö Z L Ü K T F Z K I Y
A N L F G Z V Q O I K E G A
I Q K G K Ü T Ü P H A N E K
E D E B I Y A T S S D T F K
Ğ K K M I S B T V J H A O A
I K Â Ö B R A I S H Q K K B
T A O Ğ Q T P Y L J O V U I
I L T R I H R S A I N I M Y
M E O E N T B I F R M M A D
A M B T B A K A D E M I K M
K B Ü M D İ L B İ L G İ S İ
A S S E K İ T A P L A R H P
S A Q N S N O Y U N L A R Y
```

AKADEMIK	DİLBİLGİSİ
OTOBÜS	ÖĞRETMEN
KÜTÜPHANE	EDEBIYAT
TAKVIM	OKUMA
KÂĞIT	KİTAPLAR
BILGISAYAR	MATEMATİK
SÖZLÜK	KALEM
EĞITIM	AYAKKABI
MAKAS	BILIM
OYUNLAR	

38 - Gentilezza

```
D  O  S  T  Ç  A  S  E  V  E  C  E  N  D
H  G  M  D  J  M  H  Q  C  F  L  Q  K  P
F  A  U  C  G  E  R  Ç  E  K  G  M  Ö  N
L  L  S  Q  V  I  V  L  H  E  R  U  Z  Z
L  I  G  T  P  Q  D  Ü  R  Ü  S  T  E  P
G  C  M  Y  A  R  A  R  L  I  A  L  N  T
I  I  B  K  R  M  O  T  P  E  Y  U  L  E
G  Ü  V  E  N  I  L  I  R  J  G  I  İ  J
H  O  Ş  G  Ö  R  Ü  L  Ü  Q  I  E  A  O
J  R  P  K  K  M  S  A  Y  V  L  Y  J  E
A  F  R  B  C  Ö  M  E  R  T  I  B  V  Y
S  T  H  L  D  Z  P  D  V  M  F  G  L  H
M  M  İ  S  A  F  İ  R  P  E  R  V  E  R
Y  S  L  A  N  L  A  Y  I  Ş  N  Q  A  D
```

SEVECEN	GERÇEK
GÜVENILIR	DÜRÜST
DOSTÇA	MİSAFİRPERVER
SEVEN	HASTA
ÖZENLİ	ALICI
ANLAYIŞ	SAYGILI
MUTLU	HOŞGÖRÜLÜ
CÖMERT	YARARLI

39 - Barbecue

```
M  Q  S  Q  M  S  O  J  F  H  V  E  Y  H
Ü  E  V  U  B  A  Ç  L  I  K  D  Z  V  C
Z  O  Y  F  I  L  T  A  Z  S  O  Ğ  A  N
I  T  A  V  B  A  K  U  L  D  M  E  K  U
K  A  Z  I  E  T  Y  I  Z  G  A  R  A  T
V  D  U  Z  R  A  U  Y  M  D  T  I  F  A
Ç  O  C  U  K  L  A  R  V  T  E  A  N  V
K  L  G  I  D  A  I  F  N  Y  S  R  B  U
Q  S  D  I  A  R  L  G  P  D  L  U  I  K
L  G  T  H  V  B  E  Z  V  M  E  L  Ç  F
E  S  O  S  E  Z  B  T  M  M  R  U  A  Q
K  A  L  U  T  M  M  H  M  Y  F  A  K  K
Q  R  S  E  B  Z  E  L  E  R  F  D  K  U
S  I  C  A  K  O  Y  U  N  L  A  R  U  N
```

ÇOCUKLAR	IZGARA
SICAK	SALATALAR
GIDA	DAVET
SOĞAN	MÜZIK
BIÇAK	BIBER
YAZ	TAVUK
AÇLIK	DOMATESLER
AILE	TUZ
MEYVE	SOS
OYUNLAR	SEBZELER

40 - Riempire

```
Z E S Z K Ü V E T Z K O T T
L T T T O L C U E P A U S Ü
M T O N V Ç C E P J Z R T P
B I L I A A Q V S F S O F U
S E P E T N C J I J N Ş G H
A H E S L T O B P N V I H F
N A Q I B A V U L K U Ş Z R
D V Ç U J Y F M V L D E Q P
I Z F E C Z P A C S G Y R L
K A I T K L A S Ö R Y B S I
T N Ç C C M K A R T O N A D
H U I F S M E V A Z O A V T
L A Z Q O P T C E P L I V Q
L K P U E C T V E B H U C S
```

HAVZA	PAKET
FIÇI	KUTU
ÇANTA	KOVA
ŞİŞE	CEP
ZARF	TÜP
KLASÖR	BAVUL
KARTON	KÜVET
SANDIK	VAZO
ÇEKMECE	TEPSI
SEPET	

41 - Insetti

```
K M Y A P R A K D İ D T C S
Y A Ğ U S T O S B Ö C E Ğ İ
U N R U T Z S S T K T R E V
S T D I I N L R Q G Y M O R
U I M F N S I R E B C İ Q İ
F S O B Ö C E K M Y M T P S
Ç S O L U C A N U I U U H İ
U K S U Ğ U R B Ö C E Ğ I N
K E Ç I B O Y N U Z U I F E
E L G Ü V E L Z P A R I H K
E E K C J H C A İ F Q J E K
N B T U Ç E K İ R G E O C I
T E N G Z Y Y H E V G H P E
Q K K R O D G M V F A F M Z
```

YAPRAKDİD
ARI
ÇEKİRGE
AĞUSTOSBÖCEĞİ
UĞUR BÖCEĞI
GÜVE
KELEBEK
KARINCA
LARVA

YUSUFÇUK
KEÇIBOYNUZU
MANTIS
SİVRİSİNEK
PİRE
BÖCEK
TERMİT
SOLUCAN

42 - Erboristeria

```
M N M M N A N E K E K İ K T
B A H Ç E M F E S L E Ğ E N
S H Y S A R I M S A K U T V
A B C D Q P C D E R E O T U
F İ I Y A I V A Ç I Ç E K B
R B C T H A C N G D B I H
A E Q A K V O E T K B J P R
N R L R I Q Z A Y Ö V I E
F İ A H B Ç F A N E Y Ş M Z
Q Y V U F E R A D Ş N C K E
F E A N F R J V I I Z O S N
P B N L A I I F H L R Y B E
M U T F A K K A L I T E Q Q
J E A R O M A T İ K E H L E
```

SARIMSAK
DEREOTU
AROMATİK
FESLEĞEN
MUTFAK
TARHUN
REZENE
ÇİÇEK
BAHÇE
İÇERİK

LAVANTA
MERCANKÖŞK
NANE
BITKI
MAYDANOZ
KALITE
BİBERİYE
KEKİK
YEŞİL
SAFRAN

43 - Danza

```
G O A K O M P D A L Ü T U F
R E N H T Z R I U P M I T H
İ G L T Y Q O M C Y L G B A
T Ö A E H N V U Y M G P P R
İ R M T N S A N A T A U K E
M S L G K E N E Ş E L I O K
Ü E I M K A K A D E M İ R E
Z L M Q Ü V H S E G L H E T
I F R V L Y Ü T E E Y J O J
K T O R T A K C I L R U G E
H G I J Ü G C N U F H B R R
E R D U R U Ş Z V T I C A Y
P C K E E K Ü L T Ü R I F V
I V J S L K L A S İ K S İ A
```

AKADEMİ
SANAT
KLASİK
ORTAK
KOREOGRAFİ
VÜCUT
KÜLTÜR
KÜLTÜREL
DUYGU
ANLAMLI

NEŞELI
LÜTUF
HAREKET
MÜZIK
DURUŞ
PROVA
RİTİM
GELENEKSEL
GÖRSEL

44 - Scuola #1

```
C  K  Â  Ğ  I  T  S  F  Q  S  Q  E  K  A
U  İ  K  L  A  S  Ö  R  H  I  I  Ğ  A  R
V  T  J  S  Z  A  T  E  O  N  H  L  L  K
M  A  T  E  M  A  T  İ  K  A  N  E  E  A
K  P  K  A  L  E  M  H  S  V  Z  N  M  D
J  L  K  N  G  A  K  Z  O  I  I  C  L  A
K  A  I  K  P  J  Ü  T  H  K  N  E  E  Ş
R  R  Ö  Ğ  R  E  T  M  E  N  U  I  R  L
Y  A  Z  M  A  K  Ü  P  G  Q  T  M  F  A
D  S  L  L  O  E  P  T  O  M  K  D  A  R
U  A  U  F  L  I  H  Z  P  S  K  J  F  K
T  B  B  M  A  S  A  G  K  G  J  R  C  R
F  N  Q  E  D  B  N  N  M  F  S  O  B
C  E  V  A  P  B  E  S  A  Y  I  L  A  R
```

ALFABE	OKUMAK
ARKADAŞLAR	KİTAPLAR
SINIF	MATEMATİK
KÜTÜPHANE	KALEM
KÂĞIT	SAYILAR
KLASÖR	KALEMLER
EĞLENCE	CEVAP
SINAV	MASA
ÖĞRETMEN	YAZMAK

45 - Fiori

```
H  Y  O  N  C  A  R  V  Y  P  M  A  L  O
Z  A  M  B  A  K  H  P  B  A  M  Y  M  A
E  S  Ş  Ç  B  B  R  İ  S  P  D  Ç  G  C
S  E  S  H  A  U  G  H  U  A  U  İ  Ü  Q
P  M  A  Z  A  R  K  A  Z  T  T  Ç  L  Y
L  İ  G  B  E  Ş  K  E  E  Y  M  E  A  A
U  N  E  R  G  İ  S  I  T  A  A  Ğ  V  P
M  Ş  A  K  A  Y  I  K  F  L  N  İ  A  R
E  B  E  G  Ü  M  E  C  İ  E  O  V  N  A
R  U  G  B  L  A  L  E  G  Y  L  P  T  K
I  L  B  N  U  F  Q  L  C  L  Y  E  A  R
A  G  A  R  D  E  N  Y  A  A  A  G  K  R
B  K  E  D  R  İ  B  O  R  K  İ  D  E  D
I  G  M  H  V  Y  N  A  R  M  J  L  Q  Z
```

GARDENYA	NERGİS
YASEMİN	ORKİDE
ZAMBAK	HAŞHAŞ
AYÇİÇEĞİ	ÇARKIFELEK
EBEGÜMECİ	ŞAKAYIK
LAVANTA	YAPRAK
LEYLAK	PLUMERIA
MANOLYA	GÜL
PAPATYA	YONCA
BUKET	LALE

46 - Ecologia

```
K  A  Y  N  A  K  L  A  R  O  D  B  S  B
G  Ö  N  Ü  L  L  Ü  A  Q  D  P  İ  I  İ
Ç  E  Ş  I  T  L  I  L  I  K  B  T  D  T
O  E  H  L  O  U  G  E  F  B  E  K  A  K
K  U  R  A  K  L  I  K  M  H  I  İ  Ğ  İ
M  F  P  L  K  Q  E  V  E  O  K  L  L  Ö
B  G  L  P  D  N  K  F  T  K  L  E  A  R
M  K  U  O  I  B  D  C  A  I  I  R  R  T
K  Q  P  K  R  N  U  S  O  U  M  R  S  Ü
R  K  P  K  F  A  R  T  D  E  N  İ  Z  S
B  A  T  A  K  L  I  K  O  J  D  A  A  Ü
K  Ü  R  E  S  E  L  H  Ğ  J  M  O  A  B
B  Z  Q  C  B  V  U  H  A  U  L  J  Ğ  E
Z  T  M  G  B  T  O  P  L  U  L  U  K  A
```

IKLIM	DOĞAL
TOPLULUK	BATAKLIK
ÇEŞITLILIK	BİTKİLER
FAUNA	KAYNAKLAR
FLORA	KURAKLIK
KÜRESEL	BEKA
DENİZ	BİTKİ ÖRTÜSÜ
DAĞLAR	GÖNÜLLÜ
DOĞA	

47 - Discipline Scientifiche

```
D  R  C  R  E  K  O  L  O  J  İ  T  N  İ
G  S  I  R  B  O  T  A  N  İ  K  H  Ö  M
A  N  A  T  O  M  İ  D  T  A  Q  F  R  M
K  O  M  M  B  İ  Y  O  L  O  J  İ  O  Ü
I  A  E  B  İ  Y  O  K  İ  M  Y  A  L  N
M  A  T  R  D  N  U  Z  D  L  R  D  O  O
Y  R  E  İ  B  M  E  K  A  N  İ  K  J  L
A  K  O  Q  A  S  T  R  O  N  O  M  İ  O
T  E  R  M  O  D  İ  N  A  M  İ  K  V  J
H  O  O  İ  P  S  İ  K  O  L  O  J  İ  İ
U  L  L  İ  J  B  J  E  O  L  O  J  İ  D
R  O  O  D  İ  L  B  İ  L  İ  M  J  L  H
J  J  J  S  O  S  Y  O  L  O  J  İ  İ  N
P  İ  İ  F  İ  Z  Y  O  L  O  J  İ  E  F
```

ANATOMİ	İMMÜNOLOJİ
ARKEOLOJİ	DİLBİLİM
ASTRONOMİ	MEKANİK
BİYOKİMYA	METEOROLOJİ
BİYOLOJİ	MİNERALOJİ
BOTANİK	NÖROLOJİ
KIMYA	PSİKOLOJİ
EKOLOJİ	SOSYOLOJİ
FİZYOLOJİ	TERMODİNAMİK
JEOLOJİ	

48 - Scienza

```
K T M H O Y Ö N T E M İ E Y
İ L G I T R F İ Z İ K K F E
M G K P Q L G E H Q I L O R
Y İ D O Ğ A E A V E R I S Ç
A B N T G B R E N R L M İ E
S İ M E F O Ç J U İ I K L K
A T Y Z R R E A G H Z M L İ
L K V K G A K G R A U M J M
B İ I B V T L S J H B Z A İ
R L D S A U L L G Ö Z L E M
R E C G M V J D E N E Y S A
Y R H T Y A L Q H R A A E T
B U P U Y R M O L E K Ü L O
P A R Ç A C I K L A R I G M
```

ATOM	HIPOTEZ
KIMYASAL	LABORATUVAR
IKLIM	YÖNTEM
VERI	MİNERALLER
DENEY	MOLEKÜL
EVRIM	DOĞA
GERÇEK	ORGANİZMA
FİZİK	GÖZLEM
FOSİL	PARÇACIKLAR
YERÇEKİMİ	BİTKİLER

49 - Acqua

```
K  G  Ö  L  K  I  O  K  Y  A  N  U  S  E
D  A  L  G  A  L  A  R  A  J  K  D  Y  V
O  Y  N  J  J  B  U  H  A  R  A  S  E  L
N  Z  N  A  F  U  R  Q  Q  A  S  A  H  V
Z  E  E  E  L  H  T  O  Y  A  I  S  E  L
U  R  H  R  A  A  D  P  A  R  R  U  H  F
P  O  I  I  K  R  O  P  Ğ  E  G  L  H  H
N  G  R  H  O  L  E  G  M  M  A  A  L  U
C  E  F  G  Q  A  Z  H  U  U  G  M  D  B
G  Z  M  J  T  Ş  R  B  R  S  U  A  Q  L
U  B  C  S  J  M  S  U  C  O  D  N  V  P
R  Q  Z  C  G  A  Y  Z  H  N  N  L  H  J
B  C  T  L  H  R  P  I  Y  M  H  E  D  S
D  U  Ş  U  S  Z  N  T  L  N  B  I  T  I
```

SEL	GÖL
KANAL	MUSON
DUŞ	KAR
BUHARLAŞMA	OKYANUS
NEHIR	DALGALAR
DON	YAĞMUR
GAYZER	NEM
BUZ	KASIRGA
SULAMA	BUHAR

50 - Gatti

```
A  Z  U  U  B  L  Z  K  Y  N  D  G  F  I
B  V  G  U  Y  K  U  D  P  O  Y  M  N  P
H  C  C  I  Y  Ü  M  E  R  A  K  L  I  L
D  P  J  I  I  R  V  A  H  Ş  İ  F  H  I
P  E  K  V  F  K  U  Y  R  U  K  B  I  K
U  Q  L  L  B  A  Ğ  I  M  S  I  Z  Z  Ü
Y  A  J  İ  Y  G  R  K  P  L  T  Q  L  Ç
U  T  A  N  G  A  Ç  E  A  F  K  H  I  Ü
R  N  P  U  S  K  I  Ş  I  L  I  K  K  K
T  K  S  P  D  M  M  A  R  P  S  S  T  B
N  M  P  U  A  S  R  L  P  E  L  Y  P  T
B  T  Z  S  E  V  E  C  E  N  O  G  Z  S
J  R  M  O  O  C  U  F  M  Ç  T  H  I  G
M  O  D  T  C  P  S  Q  I  E  F  I  A  A
```

SEVECEN
AVCI
KUYRUK
MERAKLI
UYKU
IPLIK
BAĞIMSIZ
DELİ

KÜRK
KIŞILIK
KÜÇÜK
VAHŞİ
UTANGAÇ
FARE
HIZLI
PENÇE

51 - Surf

```
V Q M E K V R U N Q H N H Ş
H N Y K U V V E T E I B T A
K A Q S V B P S S J V A A M
Ö Ş V I J P F U R İ T T R P
P I D A P H I Z K O F L Z İ
Ü R R E K Z P O P Ü L E R Y
K I E S A R L K I D M T C O
S J Ğ Y Y U A Y K E Q G I N
P K L N E R J A O P S S E V
M D E M R J L N C D Z C N G
Z I N S M L R U H A Y Y E K
T A C E M I T S P R E Y I U
Q R E T P E D A L G A K O T
R T G C B R N E A Z Z E I I
```

ATLET
ŞAMPİYON
EĞLENCE
AŞIRI
KUVVET
HAVA
OKYANUS
DALGA
POPÜLER

ACEMI
KÖPÜK
RESİF
PLAJ
SPREY
TARZ
MIDE
HIZ

52 - Imbarcazioni

```
Y  E  L  K  E  N  L  İ  N  A  O  N  K  D
G  M  S  H  N  I  Z  J  C  R  H  Q  J  A
E  Ü  F  A  C  B  Q  P  J  U  L  G  Ö  L
L  R  J  E  L  O  K  Y  A  N  U  S  Z  G
G  E  V  B  S  G  A  D  E  N  İ  Z  N  A
I  T  Q  Z  G  L  N  E  M  O  T  O  R  L
T  T  B  Z  N  E  O  N  B  F  E  Y  A  A
T  E  N  İ  O  F  F  İ  L  E  D  N  Z  R
I  B  G  D  E  N  İ  Z  C  İ  C  E  D  H
P  A  Ş  A  M  A  N  D  I  R  A  H  M  M
I  T  G  M  Y  Q  L  C  D  Z  D  I  R  Q
Y  S  N  L  Ç  A  P  A  C  D  İ  R  E  K
F  E  R  İ  B  O  T  R  N  Z  H  M  L  C
B  R  M  D  E  N  İ  Z  C  İ  L  İ  K  N
```

DİREK
ÇAPA
YELKENLİ
ŞAMANDIRA
KANO
IP
MÜRETTEBAT
NEHIR
GÖL
DENIZ

GELGIT
DENİZCİ
DENİZCİLİK
MOTOR
DENİZ
OKYANUS
DALGALAR
FERİBOT
YAT
SAL

53 - Api

```
Ç  B  A  L  M  U  M  U  Y  Ç  N  F  G  V
E  A  K  Q  Ç  B  J  G  D  İ  P  A  I  Y
Ş  L  M  R  E  İ  İ  B  T  Ç  S  Y  B  L
I  G  L  R  H  E  Ç  T  Y  E  Ü  D  N  P
T  Ü  P  P  E  K  V  E  K  K  R  A  C  B
L  N  F  J  J  F  R  B  K  İ  Ü  L  Z  Ö
I  E  A  F  G  I  D  A  B  L  L  I  H  C
L  Ş  T  Q  N  I  C  H  L  G  E  E  F  E
I  O  J  L  C  L  L  Ç  P  I  C  R  R  K
K  U  I  M  I  U  F  E  O  D  Ç  H  O  H
K  A  N  A  T  L  A  R  L  U  R  E  D  C
R  E  K  O  S  İ  S  T  E  M  E  Y  V  E
P  I  Y  B  P  Q  H  S  N  A  R  P  B  D
K  O  V  A  N  B  N  I  Y  N  U  S  P  S
```

KANATLAR	DUMAN
KOVAN	BAHÇE
FAYDALI	BÖCEK
BALMUMU	BAL
GIDA	BİTKİLER
ÇEŞITLILIK	POLEN
EKOSİSTEM	KRALIÇE
ÇİÇEKLER	SÜRÜ
ÇİÇEK	GÜNEŞ
MEYVE	

54 - Strumenti Musicali

```
M  A  R  İ  M  B  A  Q  F  P  R  C  A  I
A  R  P  C  P  O  Y  S  B  İ  C  P  S  D
N  S  A  K  S  A  F  O  N  Y  V  J  N  U
D  G  S  I  O  V  U  R  M  A  N  I  F  R
O  H  İ  H  K  Z  D  H  L  N  D  M  P  B
L  R  J  T  L  S  A  T  U  O  U  B  H  Z
İ  I  H  E  A  O  V  K  R  B  A  G  E  T
N  M  B  F  R  R  U  T  G  O  A  V  J  J
S  V  Q  A  N  F  L  Ü  T  V  M  N  E  E
G  O  N  G  E  K  E  M  A  N  Ç  B  Ç  K
D  C  B  O  T  T  R  O  M  P  E  T  O  O
G  K  B  T  Q  C  V  M  I  H  L  Q  C  N
G  F  F  G  O  B  U  A  V  Y  L  L  E  C
F  Y  B  Y  G  R  R  C  V  L  O  O  K  J
```

ARP	OBUA
BAGET	VURMA
BANÇO	PİYANO
GİTAR	SAKSAFON
KLARNET	TEF
FAGOT	DAVUL
FLÜT	TROMPET
GONG	TROMBON
MANDOLİN	KEMAN
MARİMBA	ÇELLO

55 - Professioni #2

```
H  E  M  D  Z  D  F  Ç  P  R  G  P  R  A
P  O  U  D  O  E  O  E  İ  R  A  A  E  K
Q  G  C  P  O  D  T  Y  K  Z  Z  S  S  D
A  I  I  İ  L  E  O  K  Ü  U  E  T  S  O
B  I  T  L  O  K  Ğ  Ö  T  H  T  R  A  B
U  A  A  O  G  T  R  Ğ  Ü  J  E  O  M  İ
C  R  H  T  R  İ  A  R  P  K  C  N  S  Y
D  I  Ş  Ç  I  F  F  E  H  C  I  O  Y  O
O  I  O  G  I  R  Ç  T  A  E  U  T  T  L
J  P  Y  H  F  V  İ  M  N  R  N  P  L  O
D  O  K  T  O  R  A  E  E  R  M  T  V  G
F  İ  L  O  Z  O  F  N  C  A  F  N  K  K
M  Ü  H  E  N  D  İ  S  I  H  C  I  R  S
D  İ  L  B  İ  L  İ  M  C  İ  M  G  M  L
```

ASTRONOT
KÜTÜPHANE
BİYOLOG
CERRAH
DIŞÇI
DEDEKTİF
FİLOZOF
FOTOĞRAFÇI
BAHÇIVAN
GAZETECİ

ÇİZER
MÜHENDIS
ÖĞRETMEN
MUCIT
DİLBİLİMCİ
DOKTOR
PİLOT
RESSAM
ZOOLOG

56 - Letteratura

```
A  T  R  A  J  E  D  İ  P  S  V  L  J  O
N  G  O  E  H  F  O  Q  A  B  O  R  D  N
A  E  H  T  V  O  Q  L  B  N  T  N  D  A
L  G  M  N  K  F  K  Q  İ  K  C  B  U  L
O  T  Ö  R  İ  T  İ  M  Y  A  Z  A  R  Ç
J  Ü  G  R  O  M  A  N  O  F  Y  B  N  S
İ  R  V  J  Ü  H  D  H  G  I  U  Z  B  U
T  L  E  Y  I  Ş  I  I  R  Y  E  Q  D  D
R  O  Q  Y  H  İ  Z  J  A  E  A  C  Z  K
D  G  V  U  F  İ  D  A  F  H  G  S  F  E
T  A  N  I  M  R  O  D  İ  Y  A  L  O  G
E  A  C  Q  Y  S  G  A  N  E  K  D  O  T
M  U  R  E  M  E  C  A  Z  R  L  R  C  V
A  C  S  Z  Z  L  A  N  A  L  I  Z  M  G
```

ANALIZ
ANALOJİ
ANEKDOT
YAZAR
BİYOGRAFİ
SONUÇ
TANIM
DİYALOG
TÜR
MECAZ

GÖRÜŞ
ŞIIR
ŞİİRSEL
KAFIYE
RİTİM
ROMAN
TARZ
TEMA
TRAJEDİ

57 - Cibo #2

```
Z  H  Y  M  P  E  Y  N  I  R  A  P  T  B
K  N  E  M  Y  P  S  U  Y  Q  C  U  Z  R
K  K  M  H  T  Ü  Z  Ü  M  B  T  N  J  O
B  U  Ğ  D  A  Y  K  C  U  U  F  K  M  K
R  Z  T  Z  G  Ç  D  J  Z  E  R  V  O  O
K  E  R  E  V  İ  Z  Q  F  K  K  T  J  L
K  M  L  Q  Z  K  D  J  M  M  I  A  A  İ
H  İ  L  Y  U  O  O  O  Q  E  R  E  M  U
J  Z  V  E  Q  L  U  P  M  K  A  R  B  E
T  E  G  İ  B  A  L  I  K  A  Z  L  O  T
M  L  M  A  N  T  A  R  T  G  T  V  N  A
G  M  J  R  P  A  J  I  G  T  T  E  B  V
P  A  T  L  I  C  A  N  Q  Z  C  K  S  U
Y  O  Ğ  U  R  T  B  Ç  J  U  M  V  U  K
```

MUZ	EKMEK
BROKOLİ	BALIK
KIRAZ	TAVUK
ÇİKOLATA	DOMATES
PEYNIR	JAMBON
MANTAR	PIRINÇ
BUĞDAY	KEREVİZ
KİVİ	YUMURTA
ELMA	ÜZÜM
PATLICAN	YOĞURT

58 - Nutrizione

```
D  E  N  G  E  L  İ  İ  K  H  G  Y  J  Y
I  H  M  F  S  Q  V  K  A  L  O  R  İ  E
Y  S  I  V  I  L  A  R  L  M  F  R  F  N
E  B  S  B  S  A  Ğ  L  I  K  L  İ  E  I
T  T  O  K  S  İ  N  B  T  O  A  L  R  L
S  İ  N  D  İ  R  İ  M  E  C  C  L  M  E
O  A  I  G  A  I  C  E  Y  S  I  U  A  B
S  B  Ğ  H  V  Ğ  J  J  H  R  İ  S  N  I
H  R  P  L  E  J  I  K  C  I  R  N  T  L
V  F  C  L  I  Q  J  R  G  J  F  E  A  I
I  Ş  T  A  H  K  Q  F  L  P  D  C  S  R
L  E  Z  Z  E  T  R  B  P  I  O  F  Y  M
P  R  O  T  E  İ  N  P  K  Q  K  E  O  O
B  A  H  A  R  A  T  E  S  P  F  N  N  F
```

ACI
IŞTAH
DENGELI
KALORİ
YENILEBILIR
DIYET
SİNDİRİM
FERMANTASYON
LEZZET
SIVILAR

BESİN
AĞIRLIK
PROTEİN
KALITE
SOS
SAĞLIK
SAĞLIKLI
BAHARAT
TOKSİN

59 - Matematica

```
I  Z  R  Z  S  A  Ç  I  L  A  R  Y  O  U
K  E  S  I  R  İ  K  J  C  N  Y  A  N  N
U  F  H  A  C  I  M  H  F  Y  U  R  D  D
M  D  Q  I  J  R  C  E  L  D  K  I  A  I
G  E  O  M  E  T  R  İ  T  R  C  Ç  L  K
R  M  Q  Y  F  Z  B  M  O  R  M  A  I  D
O  A  F  G  O  K  Ö  U  P  K  İ  P  K  Ö
R  Ç  P  A  R  A  L  E  L  K  E  N  A  R
T  L  O  D  C  R  Ü  S  A  S  G  V  B  T
D  E  N  K  L  E  M  P  M  Q  O  L  Ç  G
I  S  V  O  G  A  B  A  K  T  N  S  A  E
A  G  B  Ş  K  E  Ü  Ç  G  E  N  A  P  N
M  H  T  U  Q  P  N  Y  R  R  K  D  I  R
A  R  İ  T  M  E  T  İ  K  Ç  E  V  R  E
```

AÇILAR	PARALELKENAR
ARİTMETİK	ÇEVRE
ONDALIK	ÇOKGEN
ÇAP	KARE
BÖLÜM	YARIÇAP
DENKLEM	DIKDÖRTGEN
ÜS	SİMETRİ
KESIR	TOPLAM
GEOMETRİ	ÜÇGEN
KOŞUT	HACIM

60 - Vacanza #1

```
Q  V  F  P  C  D  U  Y  U  U  Q  L  V  K
J  P  T  R  A  M  V  A  Y  Ç  E  N  N  J
T  E  A  G  Ü  Z  E  R  G  A  H  A  M  U
R  P  V  R  T  K  O  Q  F  K  P  Z  Ü  A
Ş  A  Z  M  A  J  V  G  B  F  C  S  Z  A
B  E  H  B  Y  B  Y  Ö  F  Y  H  E  E  R
A  E  M  A  T  B  İ  L  E  T  J  F  H  A
V  R  Z  S  T  T  U  R  İ  S  T  E  I  B
U  B  Z  U  İ  L  P  G  İ  U  V  R  U  A
L  Z  U  D  R  Y  A  G  Ü  M  R  Ü  K  V
K  A  L  K  I  Ş  E  M  N  P  İ  Z  A  K
G  O  E  B  G  H  G  Q  A  N  J  J  H  P
S  I  R  T  Ç  A  N  T  A  S  I  R  N  M
N  A  D  O  M  Z  O  T  H  I  C  R  V  P
```

UÇAK	KALKIŞ
ARABA	RAHATLAMA
BİLET	SEFER
GÜMRÜK	TRAMVAY
GÜZERGAH	TURIST
GÖL	BAVUL
MÜZE	PARA BİRİMİ
ŞEMSİYE	SIRT ÇANTASI

61 - Bagno

```
Ş  A  M  P  U  A  N  J  K  D  S  S  M  L
I  P  P  H  S  H  B  N  İ  P  U  Ü  A  V
Y  E  D  E  Y  A  H  F  L  B  H  N  K  S
Z  T  U  V  A  L  E  T  İ  B  G  G  A  U
D  I  Ş  C  G  S  U  P  M  H  Y  E  S  M
L  P  Z  B  O  Y  A  D  Z  L  L  R  L  D
P  A  R  F  Ü  M  F  B  U  H  A  R  U  B
I  E  İ  V  Q  O  V  H  U  U  A  Y  N  A
R  A  Z  V  C  B  L  I  N  N  R  A  J  N
H  K  E  V  E  P  O  E  D  H  R  K  N  Y
E  H  J  E  M  U  S  L  U  K  A  H  T  O
V  C  U  T  H  B  Y  L  D  S  C  V  E  C
Y  Z  K  K  L  Z  O  J  B  A  U  N  L  Q
H  N  O  S  O  J  N  Z  T  M  I  Z  D  U
```

SU	MUSLUK
HAVLU	SABUN
BANYO	ŞAMPUAN
DUŞ	AYNA
MAKAS	SÜNGER
TUVALET	KİLİM
LOSYON	BUHAR
PARFÜM	

62 - Meditazione

```
Q P E R S P E K T I F E S H
M I N N E T T A R L I K A A
V D J Z U D G B E F V Z K R
G U A L F J D U R U Ş İ I E
S Y A Ç G Ö Z L E M D H N K
H G V S I K V D Z N Ü İ M E
A U T D A K G K T E Ş N U T
K L T T O Z L D H Z Ü S T Q
I A J P B A R I Ş A N E L C
L R P Y D O Ğ A K K C L U S
C M Ü Z I K T P C E E O L M
I V M E R H A M E T L T U F
N E F E S A L M A E E E K F
S E S S I Z L I K O R P Z S
```

KABUL
SAKIN
AÇIKLIK
MERHAMET
DUYGULAR
MUTLULUK
NEZAKET
MINNETTARLIK
ZİHİNSEL
AKIL

HAREKET
MÜZIK
DOĞA
GÖZLEM
BARIŞ
DÜŞÜNCELER
DURUŞ
PERSPEKTIF
NEFES ALMA
SESSIZLIK

63 - Estate

```
D  K  P  J  K  T  I  M  L  B  O  R  K  Y
C  B  L  Y  Q  F  L  G  A  H  Y  A  İ  V
G  P  A  I  L  E  Z  R  B  K  U  H  T  S
Q  F  J  H  A  V  L  B  S  N  N  A  A  N
P  G  J  Q  Ç  F  U  B  O  P  L  T  P  S
P  Y  F  R  T  E  S  M  M  Ş  A  L  L  L
S  A  N  D  A  L  E  T  Ü  J  R  A  A  A
D  R  I  U  T  P  V  U  Z  O  S  M  R  A
D  H  I  N  I  L  İ  G  I  K  J  A  Y  G
H  A  J  B  L  G  N  I  K  E  K  I  O  G
B  T  L  C  O  T  Ç  D  E  N  I  Z  D  Z
A  J  Q  I  A  R  K  A  D  A  Ş  L  A  R
F  C  Q  E  Ş  P  O  F  J  J  Z  G  M  R
S  E  Y  A  H  A  T  E  T  M  E  K  L  D
```

ARKADAŞLAR	DENIZ
EV	MÜZIK
GIDA	RAHATLAMA
AILE	SANDALET
BAHÇE	PLAJ
OYUNLAR	BOŞ
SEVİNÇ	TATIL
DALIŞ	SEYAHAT ETMEK
KİTAPLAR	

64 - Escursionismo

```
Z V U I O P R Z A M D G Z A
R U Y K D A O H F Ğ N Q S I
H G V L S R R D A Ğ I Q E E
Y K L I N K Y V O P U R J T
O M O M N L A Z Z Ğ V O H E
R C N K C A N J V H A V A H
G Ü N E Ş R T J A H H R Y L
U I H K E T A A T P Ş D V İ
N U A P R U S U Ş K İ L A K
R Ç R R Z V Y A R L Y K N E
S U İ B T H O F Y F A S L L
R R T F P E N S T F T R A E
K U A T O P L A N T I I R R
F M Q H A Z I R L I K T E L
```

SU	TEHLİKELER
HAYVANLAR	AĞIR
IKLIM	TAŞLAR
HARİTA	HAZIRLIK
HAVA	UÇURUM
DAĞ	VAHŞİ
DOĞA	GÜNEŞ
ORYANTASYON	YORGUN
PARKLAR	TOPLANTI

65 - Professioni #1

```
Q  S  P  F  J  Z  K  G  E  S  R  S  T  L
P  O  R  İ  J  S  E  C  Z  A  C  I  B  Z
G  Y  R  H  Y  P  Q  H  A  N  B  B  J  B
I  C  Z  Z  T  A  V  C  I  A  Ü  K  E  A
S  H  V  V  N  Y  N  Y  Q  T  Y  O  O  N
D  E  N  İ  Z  C  İ  İ  R  Ç  Ü  Ç  L  K
C  M  D  A  N  S  Ç  I  S  I  K  A  O  A
P  Ş  E  D  İ  T  Ö  R  Y  T  E  S  G  C
U  I  H  A  R  I  T  A  C  I  L  T  A  I
O  R  P  S  İ  K  O  L  O  G  Ç  R  V  G
T  E  S  I  S  A  T  Ç  I  N  İ  O  U  B
K  U  Y  U  M  C  U  D  S  N  U  N  K  O
M  Ü  Z  İ  S  Y  E  N  N  B  O  O  A  D
V  E  T  E  R  İ  N  E  R  Q  T  M  T  A
```

KOÇ	ECZACI
BÜYÜKELÇİ	JEOLOG
SANATÇI	KUYUMCU
ASTRONOM	TESISATÇI
AVUKAT	HEMŞIRE
DANSÇI	DENİZCİ
BANKACI	MÜZİSYEN
AVCI	PİYANİST
HARITACI	PSİKOLOG
EDİTÖR	VETERİNER

66 - Antartide

```
B A E Q L R K M K O Y N M I
B A R U R C P U O V A B I L
M U L A V K Y Q R B R U S U
İ Ç L I Ş I A N U U I Z Q V
N E H U N T O L M Z M U F R
E V M C T A I K A Y A L I K
R R F O Q L L R R G D L S B
A E S Ğ H T A A M Y A A I A
L A E R C G T R R A M R C H
L D F A Z P P B Y D C T A G
E A E F G V L P H A S I K Ö
R L R Y B I L I M S E L L Ç
U A N A C O Z R G R S R I T
R R T O P O Ğ R A F Y A K D
```

SU	GÖÇ
ÇEVRE	MİNERALLER
KOY	BULUTLAR
BALINALAR	YARIMADA
KORUMA	ARAŞTIRMACI
KITA	KAYALIK
COĞRAFYA	BILIMSEL
BUZULLAR	SEFER
BUZ	SICAKLIK
ADALAR	TOPOĞRAFYA

67 - Libri

```
E  P  Q  V  S  İ  K  İ  L  İ  K  E  P  Y
J  D  I  Z  I  L  R  P  N  C  Z  I  B  F
K  E  E  M  V  G  O  U  Q  K  B  O  B  O
O  S  R  B  M  İ  Z  A  H  İ  U  K  Z  I
L  T  K  A  Î  L  Ş  I  I  R  Y  U  A  Q
E  A  B  Ğ  M  İ  Y  S  O  S  A  Y  F  A
K  N  R  L  Y  A  Z  A  R  K  R  U  O  P
S  Z  T  A  R  İ  H  J  L  U  A  C  V  S
I  C  R  M  O  Q  C  T  T  U  T  U  O  Y
Y  V  A  E  M  Ö  N  B  U  C  I  B  N  A
O  Y  J  S  A  M  Y  N  M  O  C  Y  E  Z
N  V  İ  F  N  T  A  K  R  T  I  V  K  I
G  D  K  A  J  Z  Z  Q  Ü  G  Y  J  K  L
V  M  A  C  E  R  A  N  L  A  T  I  C  I
```

YAZAR	SAYFA
MACERA	ŞIIR
KOLEKSIYON	İLGİLİ
BAĞLAM	ROMAN
İKİLİK	YAZILI
DESTAN	DIZI
YARATICI	ÖYKÜ
EDEBÎ	TARİH
OKUYUCU	TRAJİK
ANLATICI	MİZAHİ

68 - Geografia

```
D E N I Z N Ü A E N L E M M
Ü B F G G E L D A Ğ H B J E
N B Ö F T H K A A M D S Z R
Y B V L K I E D P J B Z N İ
A A B D G R S O K A V C R D
S T R I O E T C U Y V J G Y
R I J I L Q F Q Z K Q S E E
U R C Y M R T R E S S S J N
G Ü N E Y K B O Y L A M J R
R A K I M I Ü O K Y A N U S
A U O O G T K R A T L A S M
K Z J I R A E D E I R N H D
Y O U J K A N H A R İ T A B
P P A R Q C T B J N B N Y V
```

RAKIM	DENIZ
ATLAS	MERİDYEN
KENT	DÜNYA
KITA	DAĞ
YARIMKÜRE	KUZEY
NEHIR	OKYANUS
ADA	BATI
ENLEM	ÜLKE
BOYLAM	GÜNEY
HARİTA	BÖLGE

69 - Cibo #1

```
Ş H O H L N F I Ş E K E R S
A A R P A L P S A L A T A O
R V L B H U O P M T İ Y N Ğ
M U Ç G S C E A E A B M C A
U Ç İ D A M F N Y R A S O N
T I L K R M E A V Ç L N P N
D T E E I H S K E I I E R Q
G Z K V M D L Q S N K P J K
Y C Y K S E E E U U V S F Q
N A N E A T Ğ U Y Z M E Ü D
D A N K K L E E U L Q Y O T
C K E H F F N V G F G Z L G
I Y G C T U Z T U V D G J E
N R F H K C F J H U A M Q J
```

SARIMSAK	NANE
FESLEĞEN	ARPA
TARÇIN	ARMUT
ET	ŞALGAM
HAVUÇ	TUZ
SOĞAN	ISPANAK
ÇİLEK	MEYVE SUYU
SALATA	BALIK
SÜT	KEK
LİMON	ŞEKER

70 - Aeroplani

```
G  T  Y  M  Z  H  K  O  Y  Ö  N  F  D  T
Ö  Y  A  R  F  V  N  H  A  V  A  B  I  A
K  O  K  R  Y  B  B  P  P  E  U  P  J  S
Y  L  I  N  I  Ş  M  R  I  B  S  M  T  A
Ü  C  T  M  M  H  A  T  M  O  S  F  E  R
Z  U  C  U  A  Ü  K  E  P  Z  I  R  D  I
Ü  N  N  U  C  R  R  F  U  İ  Z  I  H  M
Q  Y  M  K  M  A  C  E  R  A  L  B  O  M
B  A  L  O  N  K  U  F  T  K  Q  O  N  O
E  H  N  H  Y  I  O  T  V  T  S  R  T  T
H  H  E  A  Z  M  H  Q  D  T  E  B  D  O
H  İ  D  R  O  J  E  N  J  I  P  B  C  R
Q  Ş  İ  Ş  İ  R  M  E  K  U  V  S  A  R
Y  Ü  K  S  E  K  L  I  K  R  F  I  J  T
```

YÜKSEKLIK	INIŞ
RAKIM	MÜRETTEBAT
HAVA	ŞİŞİRMEK
ATMOSFER	HİDROJEN
MACERA	MOTOR
YAKIT	BALON
GÖKYÜZÜ	YOLCU
YAPI	PİLOT
TASARIM	TARIH
YÖN	

71 - Pirati

```
K A P T A N L F G T D A O Q
E Ö M E J Ç A P A E H D S E
D I T M A Ğ A R A H A A H U
Y S S Ü H Y C V J L R B M K
B A Y R A K A K Q I İ B Ü Q
P A E O Z I E R O K T I R M
E U F T I L T D A E A R E F
S Z S I N I J K R İ J O T Z
Y N A U E Ç K V E E Z M T C
O D N M L S İ K K E F İ E N
U R E M E A P L A J B H B H
I P A P A Ğ A N Y R O B A F
M A C E R A B A J B Q L T U
A L T I N T T P D J L A L F
```

ÇAPA
MACERA
BAYRAK
PUSULA
KAPTAN
KÖTÜ
YARA İZİ
MÜRETTEBAT
MAĞARA
ADA

EFSANE
HARİTA
SİKKE
ALTIN
PAPAĞAN
TEHLIKE
ROM
KILIÇ
PLAJ
HAZINE

72 - Colori

```
O Y J K C S U I L I Y L B R
F A V A N A L M E S B S E N
E F Y H O R M O R P Y S J U
E U E V Y I Z G Y E Ş I L E
T Ş B E Y A Z G Ö M M Y D R
N Y K R V E Y A K B T A T L
F A R E F R K I Q E E H E M
N A Y N R G P N A O M Ğ U V
G J T G R I F T M S K R I V
E D Z I M A V I G F S G F B
K I R M I Z I V U A K R T U
T U R U N C U M J G A R G R
Y J N S E P Y A U I J R I V
F Y F F B A L K T F O B N G
```

TURUNCU   KAHVERENGI
BEJ   SIYAH
BEYAZ   PEMBE
MAVI   KIRMIZI
CAMGÖBEĞI   SEPYA
FUŞYA   YEŞIL
SARI   MOR
GRI

73 - Spiaggia

```
R  J  T  H  J  Y  L  M  V  G  M  O  F  G
E  G  Q  E  O  S  B  E  Q  F  S  Y  T  Ü
S  A  N  D  A  L  E  T  S  A  H  İ  L  N
İ  D  D  E  L  Y  E  N  G  E  Ç  Q  Ş  E
F  A  M  N  B  A  E  C  O  A  O  Q  E  Ş
D  U  T  I  O  Z  G  L  C  O  K  G  M  M
M  O  D  Z  T  J  E  Ü  K  B  Y  V  S  O
Y  D  O  K  C  B  H  Q  N  E  A  D  İ  E
N  I  C  I  N  Y  M  L  L  M  N  G  Y  M
H  T  T  T  C  T  R  Q  N  A  U  L  E  Y
Q  A  K  U  M  Y  P  R  T  V  S  B  İ  S
S  T  V  J  A  K  P  Q  A  I  D  U  P  Q
A  I  L  L  G  Q  E  A  K  J  N  K  Z  E
S  L  B  P  U  O  D  Z  V  E  O  K  K  Q
```

HAVLU	DENIZ
BOT	OKYANUS
YELKENLİ	ŞEMSİYE
MAVI	KUM
SAHIL	SANDALET
DOK	RESİF
YENGEÇ	GÜNEŞ
ADA	TATIL
LAGÜN	

74 - Avventura

```
H  Ş  E  G  B  B  T  B  H  J  H  C  G  M
E  O  A  K  Ü  B  K  C  L  R  M  N  E  U
D  S  Q  N  U  Z  O  R  L  U  K  P  Z  H
E  H  G  B  S  Y  E  N  İ  C  J  Q  I  S
F  I  R  S  A  T  U  R  S  E  İ  P  N  L
L  D  T  E  İ  N  Q  R  G  S  E  F  E  R
L  Z  U  Q  S  Q  D  O  Ğ  A  M  H  G  P
A  R  K  A  D  A  Ş  L  A  R  H  A  Ü  Z
E  M  N  İ  Y  E  T  Q  E  E  E  Z  Z  G
Z  O  R  L  U  K  L  A  R  T  V  İ  E  P
O  L  A  Ğ  A  N  D  I  Ş  İ  E  R  L  S
T  E  H  L  I  K  E  L  İ  F  S  L  L  Z
S  E  V  İ  N  Ç  S  F  F  Z  J  I  İ  H
S  E  Y  A  H  A  T  L  E  R  J  K  K  C
```

ARKADAŞLAR	GÜZERGAH
GÜZELLIK	DOĞA
ŞANS	SEFER
CESARET	YENI
HEDEF	FIRSAT
ZORLUK	TEHLIKELI
HEVES	HAZIRLIK
GEZI	ZORLUKLAR
SEVİNÇ	EMNİYET
OLAĞAN DIŞI	SEYAHATLER

75 - Forme

K	K	Ü	P	K	F	F	P	R	İ	Z	M	A	S
Ü	O	Ö	V	T	D	A	I	R	E	Q	B	G	I
R	K	N	Ş	L	I	J	R	Q	R	U	H	H	R
E	A	B	İ	E	K	E	N	A	R	L	A	R	A
N	R	L	C	Ğ	D	H	B	S	I	J	S	B	F
Ç	E	G	D	R	Ö	İ	E	İ	O	V	A	L	B
Y	O	H	Ü	I	R	P	L	L	U	Z	O	G	F
A	R	K	Ç	A	T	E	İ	İ	M	N	O	F	N
N	S	E	G	T	G	R	P	N	V	M	A	Y	K
A	A	R	E	E	E	B	S	D	R	I	T	L	Z
L	B	P	N	T	N	O	P	İ	R	A	M	İ	T
A	Y	C	P	D	Y	L	D	R	G	U	L	T	C
U	S	M	N	Z	E	S	F	I	L	B	U	P	L
K	C	Y	V	C	G	R	H	R	A	R	F	I	G

KÖŞE	YAN
ARK	SIRA
KENARLAR	OVAL
DAIRE	PİRAMİT
SİLİNDİR	ÇOKGEN
KONİ	PRİZMA
KÜP	KARE
EĞRI	DIKDÖRTGEN
ELİPS	KÜRE
HİPERBOL	ÜÇGEN

76 - Oceano

```
İ  S  T  İ  R  İ  D  Y  E  E  C  Y  F  D
Y  I  L  A  N  B  A  L  I  Ğ  I  U  I  A
M  O  V  Q  V  A  A  Q  N  C  S  N  R  L
R  E  S  İ  F  L  J  L  C  C  K  U  T  G
Q  Q  R  U  O  I  G  N  I  M  Ö  S  I  A
Q  V  A  C  N  N  Q  O  U  K  P  N  N  L
E  V  P  M  A  A  E  A  N  S  E  E  A  A
S  L  S  H  D  N  Z  V  S  E  K  C  G  R
M  T  Ü  K  A  R  İ  D  E  S  B  O  T  L
Y  E  N  G  E  Ç  G  I  T  V  A  F  P  A
H  M  G  E  L  G  İ  T  U  Z  L  T  N  D
J  D  E  N  İ  Z  A  N  A  S  I  Z  V  B
E  G  R  A  H  T  A  P  O  T  Ğ  Y  R  F
K  A  P  L  U  M  B  A  Ğ  A  I  I  E  V
```

YOSUN	DALGALAR
YILAN BALIĞI	İSTİRİDYE
BALINA	BALIK
BOT	AHTAPOT
MERCAN	TUZ
YUNUS	RESİF
KARİDES	SÜNGER
YENGEÇ	KÖPEKBALIĞI
GELGİT	KAPLUMBAĞA
DENİZANASI	FIRTINA

77 - Famiglia

```
B  İ  J  V  H  L  B  L  T  E  Y  Z  E  Y
A  K  K  K  U  Z  E  N  V  R  B  Ç  R  K
B  İ  I  A  M  C  A  Y  K  K  Q  O  K  I
A  Z  P  Z  D  O  J  U  N  E  M  C  E  Z
Q  L  Ç  C  E  I  M  G  P  K  L  U  K  K
O  E  Y  O  C  V  N  R  O  K  B  K  Y  A
Z  R  N  P  C  L  L  E  D  A  Ü  L  E  R
A  N  N  E  R  U  H  A  Ş  R  Y  A  Ğ  D
Ç  O  C  U  K  Y  K  I  T  D  Ü  R  E  E
E  Y  C  K  O  Z  E  L  H  E  K  Q  N  Ş
A  S  P  P  C  L  Z  G  U  Ş  B  I  J  G
T  A  G  P  A  B  Ü  Y  Ü  K  A  N  N  E
A  F  P  H  J  D  H  Z  F  L  B  H  M  E
R  F  K  U  A  E  K  T  H  U  A  J  L  T
```

ATA	KOCA
ÇOCUKLAR	KADIN EŞ
ÇOCUK	ERKEK YEĞEN
KUZEN	BÜYÜKANNE
KIZ EVLAT	BÜYÜK BABA
ERKEK KARDEŞ	BABA
İKİZLER	KIZ KARDEŞ
ÇOCUKLUK	TEYZE
ANNE	AMCA

78 - Veicoli

```
O  Z  İ  J  V  L  M  O  G  Y  K  K  H  L
C  T  A  K  S  İ  A  R  A  B  A  E  E  N
D  R  O  S  R  Y  U  V  F  E  R  L  U
R  A  T  B  İ  S  İ  K  L  E  T  V  İ  D
L  K  S  O  Ü  B  O  T  Y  U  R  A  K  E
A  T  A  Y  Q  S  G  S  R  Ç  E  N  O  L
S  Ö  L  Y  A  M  B  U  L  A  N  S  P  K
T  R  M  O  T  O  R  F  K  K  F  O  T  A
İ  P  M  D  S  V  T  R  O  K  E  T  E  M
K  S  U  R  M  D  A  G  O  İ  R  N  R  Y
L  E  M  E  T  R  O  N  N  U  İ  G  B  O
E  D  E  N  İ  Z  A  L  T  I  B  K  Q  N
R  I  Y  H  Q  T  B  R  K  A  O  A  B  M
K  Z  J  Y  F  I  K  R  T  R  T  F  P  O
```

UÇAK	METRO
AMBULANS	MOTOR
ARABA	LASTİKLER
OTOBÜS	ROKET
BOT	DENİZALTI
BISIKLET	TAKSİ
KAMYON	FERİBOT
KERVAN	TRAKTÖR
HELİKOPTER	TREN
VAN	SAL

79 - Emozioni

```
R  F  I  D  G  Q  M  N  V  O  H  T  Q  Ü
F  A  U  C  P  E  E  K  E  G  D  I  M  Z
D  N  H  N  M  T  M  J  T  Z  L  S  I  Ü
Ö  Q  S  A  U  Q  N  O  K  S  A  I  N  N
H  F  Q  F  T  U  U  O  O  E  H  K  N  T
A  J  K  B  L  L  N  H  R  M  E  I  E  Ü
S  N  I  E  U  S  A  U  K  P  Y  N  T  T
S  A  Ş  K  L  Ü  S  M  U  A  E  T  T  S
A  H  U  Z  U  R  A  H  A  T  C  I  A  E
S  L  J  P  K  P  K  O  T  İ  A  H  R  V
İ  D  S  B  A  R  I  Ş  L  V  N  H  L  İ
Y  B  J  F  R  İ  N  D  B  C  L  L  V  N
E  Y  C  N  A  Z  Q  A  V  S  I  I  S  Ç
T  L  G  J  K  L  E  L  Z  S  Q  O  Z  F
```

AŞK	ÖFKE
MUTLULUK	RAHAT
SAKIN	RAHATLAMA
HEYECANLI	SEMPATİ
NEZAKET	MEMNUN
SEVİNÇ	SÜRPRİZ
MINNETTAR	HASSASİYET
SIKINTI	HUZUR
BARIŞ	ÜZÜNTÜ
KORKU	

80 - Natura

```
Q  C  R  Ç  İ  I  A  S  B  H  K  Z  Y  Y
E  R  J  G  Ö  V  R  A  D  A  Ğ  L  A  R
R  B  U  Z  U  L  K  K  M  Y  S  K  K  A
O  A  Q  B  T  P  T  İ  I  V  L  Y  F  J
Z  R  V  Y  R  S  I  N  R  A  A  T  G  N
Y  I  H  U  O  E  K  Y  K  N  E  H  I  R
O  N  G  P  P  R  P  E  C  L  Y  G  Ş  D
N  A  Ü  M  İ  B  J  Ş  H  A  Y  A  T  İ
A  K  Z  O  K  G  S  İ  S  R  Z  U  P  N
H  R  E  R  A  Y  B  L  J  H  V  G  P  A
F  O  L  M  L  G  D  L  J  G  Y  A  L  M
R  B  L  A  E  A  C  İ  O  H  F  J  H  İ
P  C  I  N  R  Z  A  K  P  I  T  U  C  K
S  L  K  B  U  L  U  T  L  A  R  A  D  P
```

HAYVANLAR	BUZUL
ARLAR	DAĞLAR
ARKTIK	SİS
GÜZELLIK	BULUTLAR
ÇÖL	BARINAK
DİNAMİK	VAHŞİ
EROZYON	SAKİN
NEHIR	TROPİKAL
YEŞİLLİK	HAYATİ
ORMAN	

81 - Balletto

```
O R K E S T R A T A R Z S B
K S Z A M F T E K N İ K A Q
A D Y D A N S Ç I L A R N F
S U F N N A Y C H A P T A O
L L F B U R İ T İ M R M T Y
A P V C F L I S H L O B S O
R Z S B N K N S S I V E A Ğ
K O R E O G R A F İ A C L U
C D Z S Y S Z Z B Z L E V N
F T S T Q I O G T A K R P L
E D J E S T R L H R I I C U
V F J C O E U C O İ Ş F M K
M Ü Z I K Y T B I F Q Q G N
S Y T O J B A L E R İ N U V
```

BECERI	ZARİF
ALKIŞ	YOĞUNLUK
SANATSAL	KASLAR
SOLO	MÜZIK
BALERİN	ORKESTRA
DANSÇILAR	PROVA
BESTECI	SEYIRCI
KOREOGRAFİ	RİTİM
ANLAMLI	TARZ
JEST	TEKNİK

82 - Castelli

```
K  Ş  Ö  V  A  L  Y  E  M  A  Y  I  K  B
I  B  H  H  U  H  A  U  A  F  Z  B  K  M
L  B  A  S  I  L  T  S  N  T  E  I  G  U
I  A  N  J  O  S  S  B  C  K  T  P  R  K
Ç  F  E  O  D  A  L  T  I  K  Z  T  T  H
J  V  D  U  V  A  R  A  N  S  A  R  A  Y
P  K  A  L  K  A  N  Ç  I  P  Z  K  V  Y
Q  R  N  H  A  M  N  D  K  B  S  U  K  N
A  A  E  L  L  H  E  N  D  E  K  L  N  S
L  L  Q  N  E  S  J  H  M  A  U  E  I  L
Q  L  O  Q  S  N  J  P  N  Z  D  K  B  H
P  I  H  E  F  E  C  E  Q  U  M  I  I  L
I  K  V  B  E  D  S  I  T  P  R  E  N  S
O  R  P  E  J  D  E  R  H  A  P  F  B  T
```

ZIRH
MANCINIK
ŞÖVALYE
AT
TAÇ
HANEDAN
EJDERHA
FEODAL
KALE
HENDEK

ASIL
SARAY
DUVAR
PRENS
PRENSES
KRALLIK
KALKAN
KILIÇ
KULE

83 - Campionato

```
M A D A L Y A K Y N F B Z A
P O R D Q S H K D H Z Y A B
J D T Y A R G I Ç M Y L F F
S O J İ R O K P B E V Ş E İ
A P Z P V Z O Y U N L A R N
K N O B N A Ç Q Z F İ M Y A
P D V R U O S P R M G P C L
T Z B Z H Z F Y G E S İ A İ
U T E R L E M E O F S Y F S
R A S Z F O O R C N V O Q T
N K S T R A T E J İ U N N Q
U I D A Y A N I K L I L I K
V M P E R F O R M A N S E T
A C U A A E J R V Y R V M I
```

KOÇ
ŞAMPİYON
FİNALİST
OYUNLAR
YARGIÇ
LİG
MADALYA
MOTİVASYON

PERFORMANS
DAYANIKLILIK
SPOR
TAKIM
STRATEJİ
TERLEME
TURNUVA
ZAFER

84 - Foresta Pluviale

```
Ç  E  Ş  I  T  L  I  L  I  K  T  I  L  P
D  G  N  J  K  B  E  K  A  Y  J  K  O  R
E  R  Y  F  D  L  K  O  R  U  M  A  K  U
Ğ  E  V  C  P  S  I  Ğ  I  N  A  K  C  N
E  T  F  Z  U  J  V  M  U  Z  J  K  T  A
R  B  H  L  B  Y  O  S  U  N  D  M  O  Y
L  R  E  S  T  O  R  A  S  Y  O  N  P  S
I  O  R  H  K  R  T  J  Q  G  Ğ  A  L  A
Z  G  P  C  H  M  T  A  J  F  A  Z  U  Y
A  K  U  Ş  L  A  R  V  N  K  B  M  L  G
R  C  R  F  L  N  S  Y  M  İ  C  B  U  I
B  Ö  C  E  K  L  E  R  N  G  K  D  K  R
D  U  D  V  J  B  U  L  U  T  L  A  R  F
M  E  M  E  L  İ  L  E  R  F  A  Z  G  T
```

BOTANİK	BULUTLAR
IKLIM	KORUMA
TOPLULUK	DEĞERLI
ÇEŞITLILIK	RESTORASYON
ORMAN	SIĞINAK
BÖCEKLER	SAYGI
MEMELİLER	BEKA
YOSUN	KUŞLAR
DOĞA	

85 - Edifici

```
J  Z  M  C  O  Z  C  V  N  J  L  A  T  S
Ü  N  I  V  E  R  S  I  T  E  Z  A  İ  Ü
E  L  Ç  İ  L  İ  K  O  Q  H  T  N  Y  P
S  T  A  D  Y  U  M  K  A  L  E  R  A  E
L  A  B  O  R  A  T  U  V  A  R  S  T  R
P  H  K  U  L  E  P  L  D  İ  P  İ  R  M
J  I  H  E  J  K  Ç  A  D  I  R  N  O  A
V  R  Q  O  I  Q  A  F  R  O  T  E  L  R
F  A  B  R  I  K  A  B  Y  T  P  M  A  K
P  A  N  S  İ  Y  O  N  İ  M  M  A  E  E
H  A  S  T  A  N  E  O  Y  N  Ü  A  D  T
H  D  C  F  K  P  R  M  I  E  Z  N  N  L
F  J  R  A  S  A  T  H  A  N  E  S  B  Y
K  N  G  I  V  F  Y  L  M  B  C  Q  L  J
```

ELÇİLİK	HASTANE
APARTMAN	RASATHANE
KABİN	PANSİYON
KALE	OKUL
SİNEMA	STADYUM
FABRIKA	SÜPERMARKET
AHIR	TİYATRO
OTEL	ÇADIR
LABORATUVAR	KULE
MÜZE	ÜNIVERSITE

86 - Paesi #2

```
J A P O N Y A K A S J J K U
E A R N A V U T L U K D J K
E N R Q F S U R İ Y E A H R
U İ D Q Y F U O R U S Y A A
D J O O E E E D D R B T İ Y
İ E J C N J A M A İ K A T N
R R J V F E İ Y N N S E İ A
L Y Y Z V A Z P İ H U T U L
A A I S J B U Y M L G İ B İ
N N E P A L C U A U A Y J B
D M E K S İ K A R K N O N E
A M M Z F Q S F K T D P S R
Y U N A N I S T A N A Y H Y
A P A K I S T A N K I A R A
```

ARNAVUTLUK	LİBERYA
DANİMARKA	MEKSİKA
ETİYOPYA	NEPAL
JAMAİKA	NİJERYA
JAPONYA	PAKISTAN
YUNANISTAN	RUSYA
HAİTİ	SURİYE
ENDONEZYA	SUDAN
İRLANDA	UKRAYNA
LAOS	UGANDA

87 - Tipi di Capelli

```
U  B  B  E  K  I  V  I  R  C  I  K  V  Ö
U  C  U  G  G  A  O  M  D  Q  J  E  P  R
J  Z  G  R  Ü  R  H  F  I  H  R  L  M  G
V  T  U  E  M  D  Z  V  B  K  U  R  U  Ü
T  S  K  N  Ü  Ü  M  E  E  Ö  T  Y  Z  L
Z  T  S  K  Ş  Z  D  C  Y  R  K  H  A  Ü
Z  K  A  L  I  N  Q  Q  A  G  E  J  Q  Q
Y  H  Ğ  İ  N  S  G  A  Z  Ü  K  N  Z  Y
I  R  L  L  C  I  A  R  L  S  K  R  G  I
U  L  I  T  E  Y  U  M  U  Ş  A  K  R  I
M  T  K  K  E  A  N  T  S  K  B  G  İ  R
M  E  L  T  G  H  F  O  V  E  T  P  Q  M
N  I  I  T  Y  U  U  I  M  Y  D  F  C  Z
S  A  R  I  Ş  I  N  D  A  L  G  A  L  I
```

GÜMÜŞ	UZUN
KURU	KAHVERENGI
BEYAZ	YUMUŞAK
SARIŞIN	SIYAH
KISA	DALGALI
KEL	KIVIRCIK
RENKLİ	SAĞLIKLI
GRİ	INCE
ÖRGÜLÜ	KALIN
DÜZ	ÖRGÜ

88 - Vestiti

```
Q  P  A  Y  A  K  K  A  B  İ  G  Ç  K  S
H  İ  E  V  D  Y  P  C  Q  Q  B  O  R  E
Z  J  Ş  A  P  K  A  E  E  A  İ  R  R  K
O  A  A  T  G  O  D  B  L  K  L  A  P  A
Y  M  R  V  V  T  J  C  B  B  E  P  E  Z
M  A  P  İ  J  R  N  A  İ  N  Z  T  T  A
S  A  N  D  A  L  E  T  S  G  İ  S  E  K
K  F  K  T  A  R  M  T  E  Ö  K  S  K  C
T  E  İ  Z  K  O  L  Y  E  M  T  S  C  R
Q  R  M  R  İ  H  E  B  M  L  O  C  H  B
K  R  A  E  A  H  F  H  U  E  B  D  B  L
A  G  V  Y  R  E  Q  R  K  K  S  G  A  U
L  Z  Ö  N  L  Ü  K  F  D  N  K  İ  Z  Z
P  A  N  T  O  L  O  N  İ  O  L  G  M  O
```

ELBISE	ÖNLÜK
BILEZIK	KOT
ÇORAP	KAZAK
BLUZ	MODA
GÖMLEK	PANTOLON
ŞAPKA	PİJAMA
KEMER	SANDALET
KOLYE	AYAKKABI
CEKET	EŞARP
ETEK	

89 - Attività e Tempo Libero

```
B  L  R  V  A  C  R  Q  G  S  J  U  B  B
A  Z  M  A  Y  Ü  R  Ü  Y  Ü  Ş  H  A  A
H  L  E  I  H  V  O  L  E  Y  B  O  L  S
Ç  Z  T  C  U  A  T  U  E  O  K  B  I  K
I  G  J  O  G  M  T  E  N  İ  S  İ  K  E
V  S  F  I  A  Y  Y  L  N  F  K  L  Ç  T
A  J  Ö  F  Q  V  Ü  H  A  C  Q  E  I  B
N  O  B  R  Z  R  Z  V  Y  T  V  R  L  O
L  G  O  L  F  N  M  U  R  D  I  C  I  L
I  N  Y  P  L  Q  E  B  G  L  S  C  K  S
K  Q  A  F  U  T  B  O  L  D  A  L  I  Ş
T  T  M  K  Z  J  A  K  R  B  N  J  Y  C
B  S  A  G  M  A  M  S  L  C  A  S  C  F
V  B  E  Y  Z  B  O  L  M  D  T  B  A  D
```

SANAT	DALIŞ
BEYZBOL	YÜZME
BASKETBOL	VOLEYBOL
BOKS	BALIKÇILIK
FUTBOL	BOYAMA
YÜRÜYÜŞ	RAHATLATICI
BAHÇIVANLIK	SÖRF
GOLF	TENİS
HOBİLER	

90 - Tecnologia

```
V E R I C G M U D V B L G D
A T R I P A O E O C P J Ü İ
İ R İ S T A T İ S T İ K V J
N F A İ M L E Ç Y A R S E İ
T D I Ş A O N B A R J A N T
E U G E T Y O A F A T N L A
R T S B B I M Y J Y Y A I L
N K O Q L M R T L I A L K V
E N A F O I O M L C Z T M İ
T F J M G B N K A I I F L R
G M D Y E K R A N E L C Q Ü
P Z P P D R J N N Z I O J S
I J T F N Q A Q I U M R S K
B I L G I S A Y A R R K Y Z
```

BLOG
TARAYICI
BAYT
BILGISAYAR
İMLEÇ
VERI
DİJİTAL
DOSYA
İNTERNET

MESAJ
ARAŞTIRMA
EKRAN
GÜVENLIK
YAZILIM
İSTATİSTİK
KAMERA
SANAL
VİRÜS

91 - Meteo

```
C G Ö K Y Ü Z Ü G G M L J Y
B N M U S O N H S Ö O M F C
I U G R I K L I M K B V I C
T Q L U P S İ S L K U A K M
L U Y U Q F B K T U L L U U
E S I N T I G U H Ş U L R O
G I L M M R Y T Z A T C A M
I C D F B T O U J Ğ L D K T
B A I Z B I M P F I U E L T
A K R L P N Z Q İ Q P Y I Y
M L I U H A D Y V K H O K G
Y I M Q K A S I R G A G S N
G K G Ö K G Ü R Ü L T Ü S Ü
A T M O S F E R Ü Z G Â R T
```

GÖKKUŞAĞI	BULUT
KURU	BULUTLU
ATMOSFER	KUTUP
ESINTI	KURAKLIK
GÖKYÜZÜ	SICAKLIK
IKLIM	FIRTINA
YILDIRIM	KASIRGA
BUZ	TROPİK
MUSON	GÖK GÜRÜLTÜSÜ
SIS	RÜZGÂR

92 - Corpo Umano

```
Z  Z  C  T  B  A  Y  Q  K  Y  A  T  A  P
I  D  A  H  E  P  K  B  A  L  Y  Y  D  A
B  A  Ş  Q  B  P  U  E  L  J  A  O  P  R
H  B  O  Y  U  N  L  Y  P  P  K  O  E  M
Q  T  D  C  F  Y  A  I  G  P  B  A  H  A
C  D  Y  I  E  Q  K  N  V  L  I  M  K  K
K  I  E  Ü  Z  B  A  B  S  H  L  I  A  U
K  R  L  G  Z  U  Ğ  A  G  O  E  D  N  F
Y  S  D  T  O  R  I  C  Ö  M  Ğ  E  D  Y
Ç  E  N  E  I  U  Z  A  Z  U  I  L  Z  L
P  K  P  A  S  N  T  K  T  Z  J  F  U  H
F  G  M  C  T  D  F  T  E  H  P  B  A  M
C  S  U  I  V  P  A  P  N  D  L  G  J  C
S  Q  P  D  A  Q  M  Q  B  B  R  T  H  E
```

AĞIZ	EL
AYAK BILEĞI	ÇENE
BEYIN	BURUN
BOYUN	GÖZ
KALP	KULAK
PARMAK	CILT
YÜZ	KAN
BACAK	OMUZ
DIZ	MIDE
DIRSEK	BAŞ

93 - Mammiferi

```
D  U  M  O  K  J  D  K  I  R  T  B  G  K
E  A  E  T  O  Ö  J  G  C  F  A  O  O  A
H  C  P  İ  G  M  P  I  L  V  V  Ğ  R  N
G  M  U  L  G  A  N  E  P  F  Ş  A  İ  G
N  F  R  K  O  Y  U  N  K  I  A  S  L  U
N  T  D  İ  P  M  G  N  O  L  N  L  S  R
Y  U  N  U  S  U  B  E  I  P  O  A  Q  U
T  B  M  N  S  N  K  A  Y  I  H  N  Q  H
Z  Ü  R  A  F  A  E  Q  L  I  K  U  R  T
E  I  Ç  S  G  E  D  K  C  I  K  U  F  E
B  E  A  T  T  H  İ  E  C  M  N  F  S  L
R  R  K  K  N  O  I  J  D  K  Y  A  A  M
A  B  A  U  P  H  Z  F  K  E  S  E  O  J
D  N  L  T  B  P  G  F  Q  O  Q  M  I  U
```

BALINA	ZÜRAFA
KÖPEK	GORİL
KANGURU	ASLAN
AT	KURT
GEYIK	AYI
TAVŞAN	KOYUN
ÇAKAL	MAYMUN
YUNUS	BOĞA
FIL	TİLKİ
KEDİ	ZEBRA

94 - Arrampicata

```
Q  H  V  N  S  I  Y  D  A  E  M  Y  A  G
S  S  T  T  U  E  M  B  E  Ğ  E  Ü  T  B
N  V  Y  H  L  L  B  Y  T  I  R  R  M  D
Y  Z  R  C  Q  D  D  A  R  T  A  Ü  O  C
E  O  F  T  I  I  A  R  T  I  K  Y  S  R
N  R  F  D  I  V  U  A  S  M  U  Ü  F  Y
P  L  J  U  Y  E  Z  L  A  A  V  Ş  E  B
H  U  G  D  Z  N  M  A  T  Ğ  V  G  R  J
M  K  P  H  K  L  A  N  A  A  E  J  A  P
G  L  C  K  A  E  N  M  T  R  T  V  K  D
A  A  L  O  S  R  F  A  T  A  R  A  I  Z
C  R  Q  L  K  D  İ  N  E  Y  F  A  M  K
M  S  H  E  O  F  V  T  N  G  M  H  I  P
E  F  V  Y  D  J  J  C  A  V  F  P  V  J
```

RAKIM	MAĞARA
ATMOSFER	ELDIVENLER
KASK	YARALANMA
MERAK	HARİTA
YÜRÜYÜŞ	ZORLUKLAR
UZMAN	SEBAT
EĞITIM	DAR
KUVVET	

95 - Animali Domestici

```
Y  G  O  A  H  T  N  R  J  T  V  Z  K  T
Z  A  F  B  Y  F  A  J  G  A  T  N  Q  A
Y  R  Y  L  I  K  E  Ç  I  S  U  V  F  V
Q  H  A  M  S  T  E  R  D  M  O  R  E  Ş
B  D  V  K  I  G  U  D  A  A  Y  A  K  A
P  V  F  A  R  E  K  L  İ  N  E  K  A  N
K  E  R  T  E  N  K  E  L  E  A  U  P  P
R  T  F  R  H  G  K  C  B  E  O  Y  L  A
K  E  D  İ  Y  A  V  R  U  S  U  R  U  P
Ö  R  B  P  E  N  Ç  E  Z  J  S  U  M  A
P  İ  O  A  N  I  F  M  V  E  E  K  B  Ğ
E  N  O  O  L  L  Y  N  P  M  V  M  A  A
K  E  F  R  L  I  P  Q  D  K  G  M  Ğ  N
H  R  M  T  M  B  K  U  I  C  N  E  A  P
```

SU	TASMA
KÖPEK	KERTENKELE
KEÇI	İNEK
GIDA	PAPAĞAN
KUYRUK	BALIK
YAKA	KAPLUMBAĞA
TAVŞAN	FARE
HAMSTER	VETERİNER
KEDİ YAVRUSU	PENÇE
KEDİ	

96 - Cucina

```
I  F  Y  B  I  Ç  A  K  S  Ü  R  A  H  I
Z  J  Q  Y  U  B  K  P  B  G  O  G  K  J
G  A  F  E  D  Z  A  E  I  Z  D  U  R  N
A  Z  N  M  P  U  D  R  P  E  Ç  E  T  E
R  O  H  E  K  H  Q  O  D  Ç  N  K  V  I
A  Y  B  K  V  L  B  P  L  A  E  B  D  V
T  N  B  P  M  B  A  L  N  A  K  L  O  Q
G  K  S  A  U  S  H  A  G  M  B  Y  N  B
L  V  U  Ö  N  K  A  Ş  I  K  A  I  D  T
C  S  Ü  N  G  E  R  N  D  D  Q  N  U  A
R  P  V  L  M  Ç  A  T  A  L  L  A  R  S
Y  N  G  Ü  Q  N  T  K  A  Z  A  N  U  T
P  I  P  K  F  I  R  I  N  A  B  Q  C  F
K  A  V  A  N  O  Z  B  O  E  V  M  U  J
```

KAZAN	ÖNLÜK
SÜRAHI	IZGARA
GIDA	YEMEK
TAS	KEPÇE
BIÇAK	BAHARAT
DONDURUCU	SÜNGER
KAŞIK	BARDAK
ÇATALLAR	PEÇETE
FIRIN	KAVANOZ
BUZDOLABI	

97 - Vacanze #2

```
Z  H  H  R  C  E  H  J  C  O  M  N  Y  F
F  N  T  D  E  N  I  Z  C  D  Q  S  D  B
P  J  N  F  P  S  F  O  G  Z  V  G  T  F
A  L  H  F  A  S  T  Z  O  Ç  D  J  R  O
Y  L  A  O  S  N  B  O  Ş  B  A  B  E  T
V  G  R  J  A  Z  F  T  R  J  D  D  N  O
N  L  İ  J  P  O  C  E  H  A  A  T  I  Ğ
Z  P  T  F  O  P  Q  L  E  R  N  A  T  R
K  G  A  L  R  Y  R  L  D  N  J  K  C  A
I  F  M  D  T  V  İ  Z  E  U  T  S  A  F
Y  A  B  A  N  C  I  S  F  Y  G  İ  J  L
T  A  Ş  I  M  A  C  I  L  I  K  F  J  A
H  A  V  A  L  İ  M  A  N  I  R  U  Q  R
D  A  Ğ  L  A  R  S  E  Y  A  H  A  T  S
```

HAVALİMANI	PLAJ
HEDEF	YABANCI
FOTOĞRAFLAR	TAKSİ
OTEL	BOŞ
ADA	ÇADIR
HARİTA	TAŞIMACILIK
DENIZ	TREN
DAĞLAR	SEYAHAT
PASAPORT	VİZE
RESTORAN	

98 - Attività

```
R  A  H  A  T  L  A  M  A  S  I  D  U  Z
B  A  L  I  K  Ç  I  L  I  K  K  F  G  K
O  U  H  D  V  U  T  J  Y  L  C  B  Ö  Z
Ş  U  C  E  I  D  O  Y  U  N  L  A  R  D
S  F  T  P  J  İ  S  A  N  A  T  H  M  A
S  I  H  I  R  K  E  B  H  T  M  Ç  E  N
K  F  A  J  F  İ  R  O  J  Q  Q  I  M  S
G  V  L  B  E  Ş  A  Y  K  Z  E  V  K  F
E  S  A  O  K  U  M  A  O  B  T  A  J  I
I  R  G  S  K  Q  İ  M  B  E  Q  N  S  I
D  L  Y  U  E  V  K  A  V  C  I  L  I  K
Y  Ü  R  Ü  Y  Ü  Ş  R  L  E  C  I  O  F
B  U  L  M  A  C  A  L  A  R  O  K  U  A
F  O  T  O  Ğ  R  A  F  Ç  I  L  I  K  V
```

BECERI
SANAT
AVCILIK
SERAMİK
DİKİŞ
DANS
YÜRÜYÜŞ
FOTOĞRAFÇILIK
BAHÇIVANLIK
OYUNLAR

OKUMA
SIHIR
ÖRME
BALIKÇILIK
ZEVK
BOYAMA
BULMACALAR
RAHATLAMA
BOŞ

99 - Forniture Artistiche

```
U  R  Q  Z  O  R  M  A  S  A  C  L  K  P
S  Z  E  T  B  C  N  Ü  K  I  B  E  T  B
E  B  S  Z  Q  E  R  S  R  K  K  E  J  K
T  S  I  F  O  G  Q  İ  P  E  U  E  R  J
L  U  F  İ  K  İ  R  L  E  R  K  K  N  Y
Q  M  T  A  F  U  A  G  Ş  R  B  K  F  A
C  F  A  K  R  İ  L  İ  K  Ö  P  P  E  Ğ
K  I  L  P  A  S  T  E  L  D  V  F  P  P
Â  R  O  E  P  L  U  M  K  J  Q  A  F  E
Ğ  Ç  S  A  N  D  A  L  Y  E  O  P  L  L
I  A  G  K  A  M  E  R  A  R  E  N  K  E
T  L  Y  A  R  A  T  I  C  I  L  I  K  E
P  A  K  A  L  E  M  L  E  R  T  Y  N  A
Q  R  S  U  L  U  B  O  Y  A  R  P  R  E
```

SU	FİKİRLER
SULUBOYA	MÜREKKEP
AKRİLİK	KALEMLER
KIL	YAĞ
KÂĞIT	PASTEL
ŞÖVALE	SANDALYE
TUTKAL	FIRÇALAR
RENK	MASA
YARATICILIK	KAMERA
SİLGİ	

100 - Misurazioni

```
B  A  S  H  V  G  O  B  O  D  L  L  J  Z
D  A  K  İ  K  A  Y  N  D  P  İ  P  B  M
D  S  Y  H  Y  D  E  A  S  R  T  T  O  O
C  A  Ü  T  B  Y  L  P  Ğ  K  R  G  K  K
P  N  K  A  C  P  G  Q  E  I  E  K  J  V
N  T  S  M  D  Y  E  U  D  O  R  İ  N  Ç
P  İ  E  T  O  N  N  U  Z  U  N  L  U  K
İ  M  K  D  E  R  I  N  L  I  K  O  I  F
N  E  L  G  S  F  Ş  M  E  F  J  G  O  K
T  T  I  R  K  İ  L  O  M  E  T  R  E  H
D  R  K  A  M  C  I  T  E  M  A  A  U  A
C  E  R  M  N  E  K  Q  T  B  N  M  M  C
O  N  D  A  L  I  K  C  R  T  I  K  J  I
D  E  R  E  C  E  Z  V  E  S  T  A  O  M
```

YÜKSEKLIK
BAYT
SANTİMETRE
KİLOGRAM
KİLOMETRE
ONDALIK
DERECE
GRAM
GENIŞLIK
LİTRE

UZUNLUK
METRE
DAKİKA
ONS
AĞIRLIK
PİNT
İNÇ
DERINLIK
TON
HACIM

1 - Scacchi

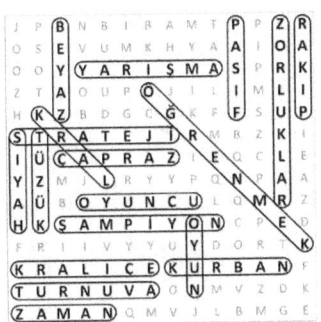

2 - Strumenti

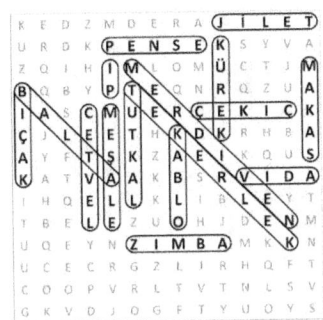

3 - Aggettivi #2

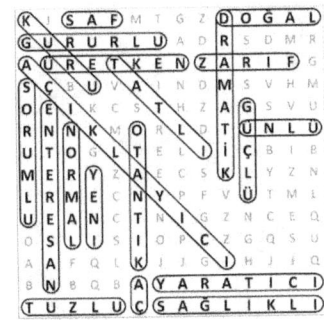

4 - Pesca

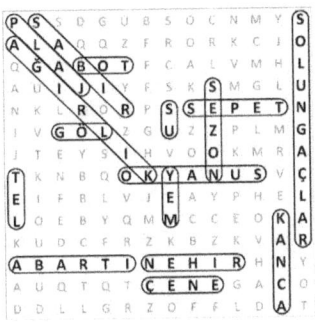

5 - Aggettivi #1

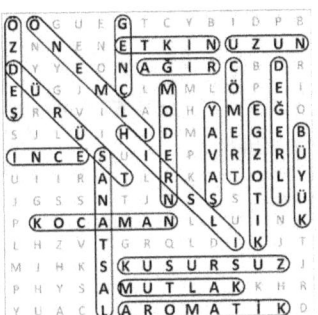

6 - Geologia

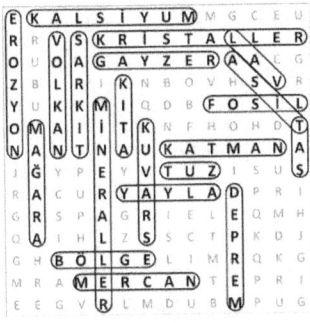

7 - Campeggio

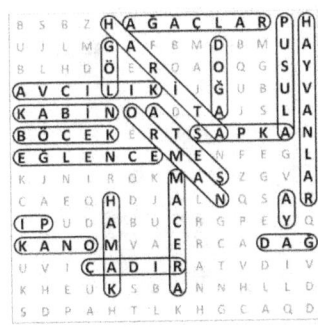

8 - Arti Visive

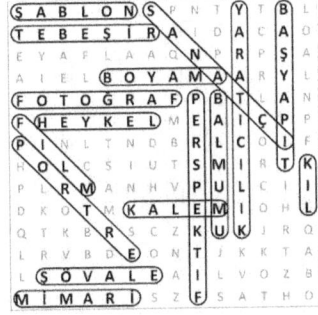

9 - Tempo

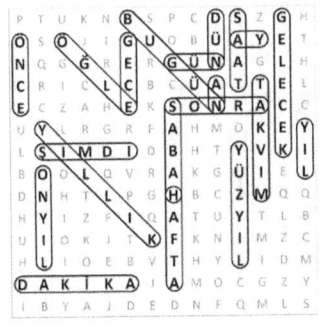

10 - Astronomia

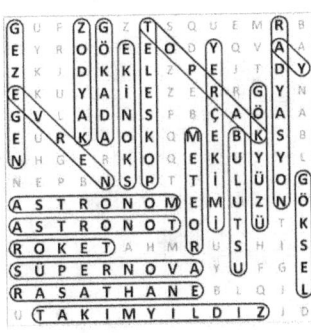

11 - Circo

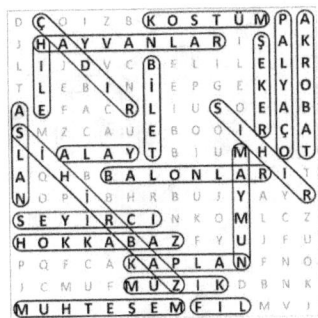

12 - Mitologia

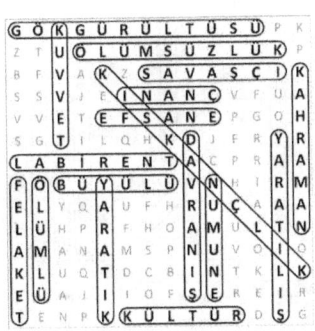

13 - Piante

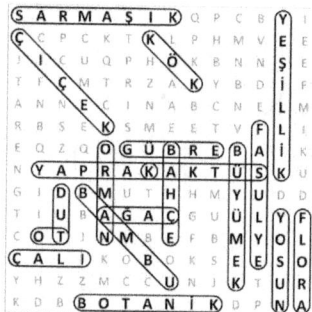

14 - Spezie

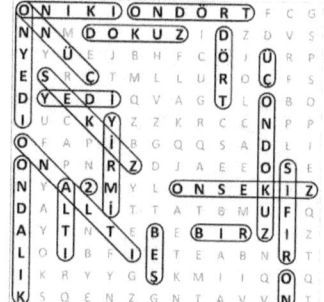

15 - Numeri

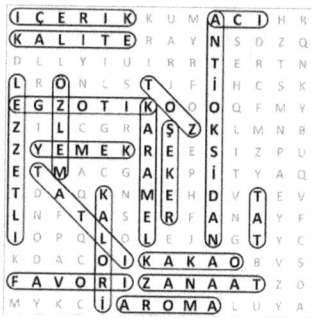

16 - Cioccolato

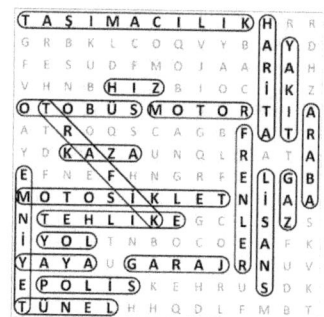

17 - Guida

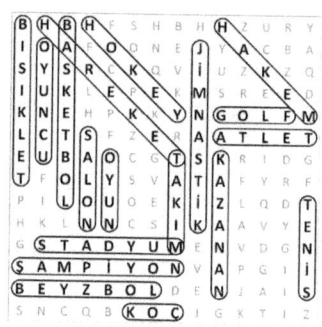

18 - Sport

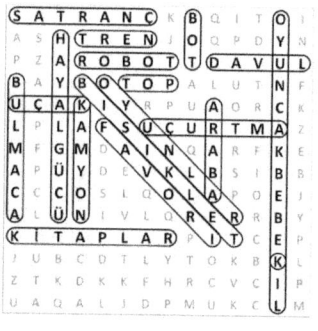

19 - Giocattoli

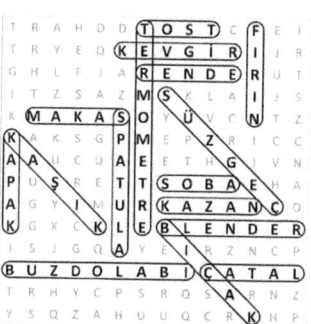

20 - Strumenti di Cottura

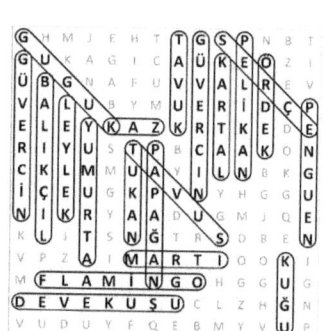

21 - Uccelli

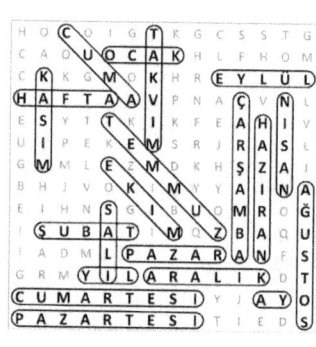

22 - Giorni e Mesi

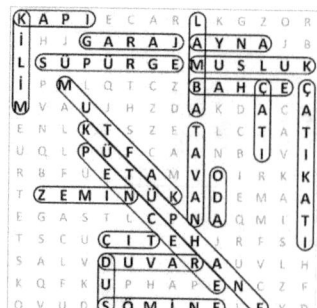

23 - Casa

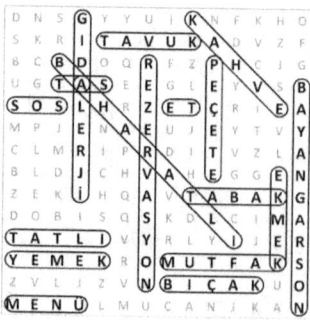

24 - Ristorante #1

25 - Fantascienza

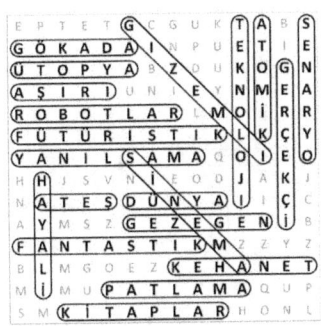

26 - Città

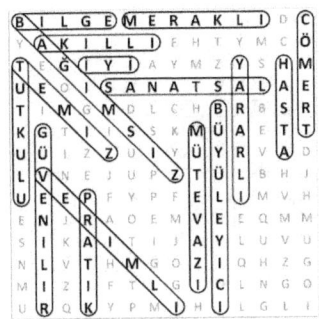

27 - Virtù #1

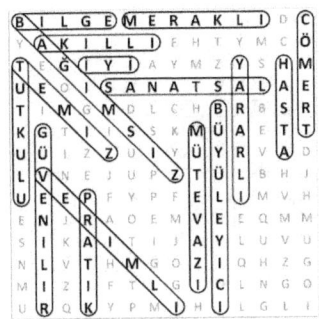

28 - Compleanno

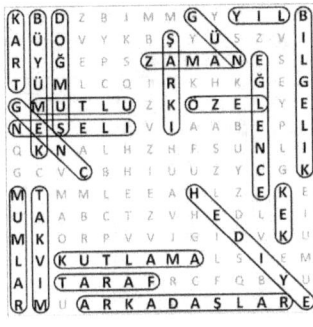

29 - Fattoria #1

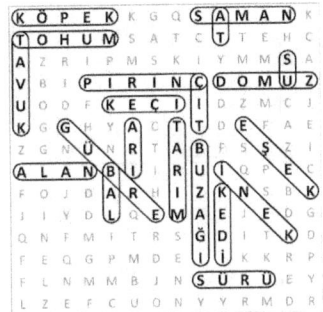

30 - Paesaggi

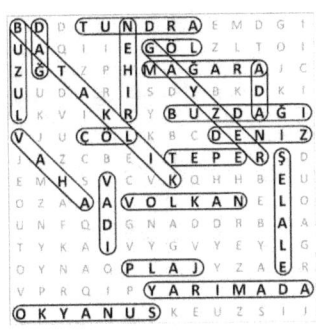

31 - Ristorante #2

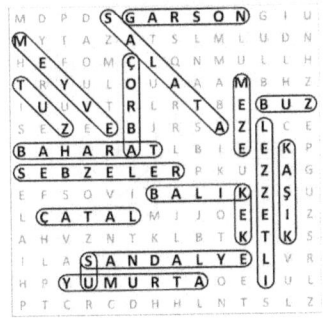

32 - Giardino

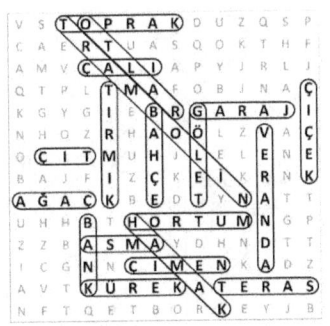

33 - Frutta

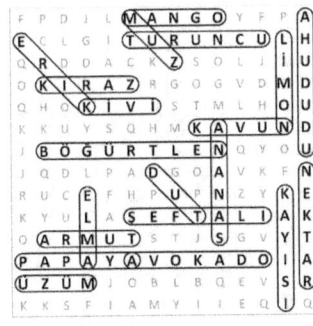

34 - Fattoria #2

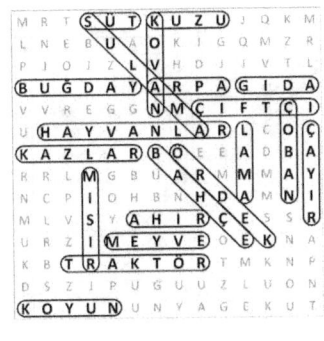

35 - Dinosauri

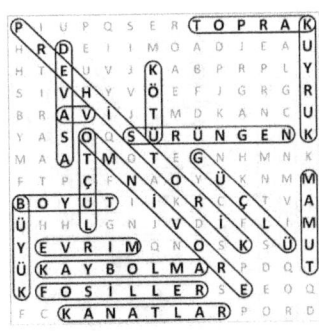

36 - Verdure

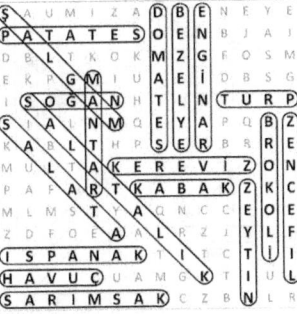

37 - Scuola #2

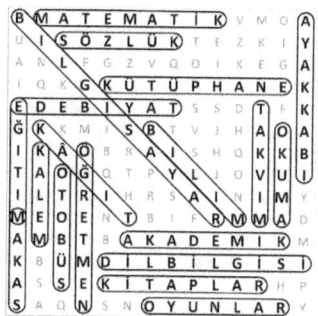

38 - Gentilezza

39 - Barbecue

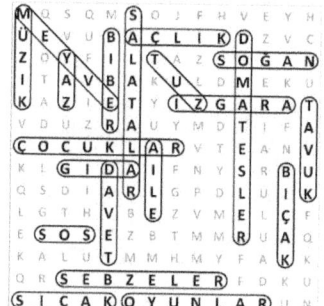

40 - Riempire

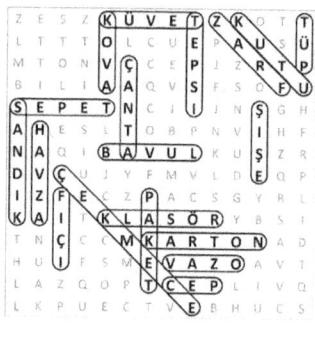

41 - Insetti

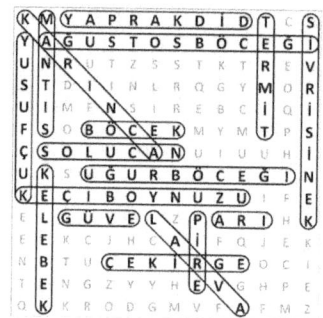

42 - Erboristeria

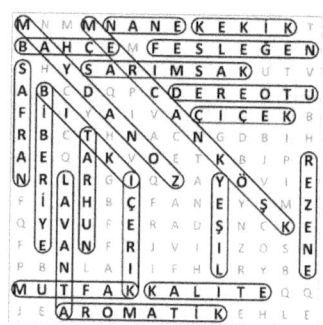

43 - Danza

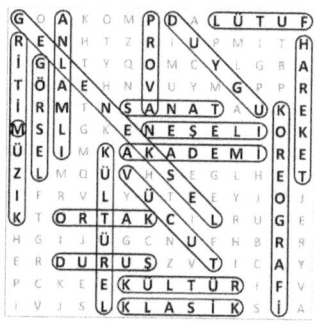

44 - Scuola #1

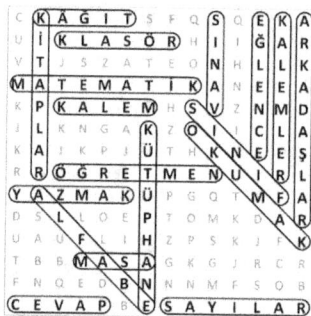

45 - Fiori

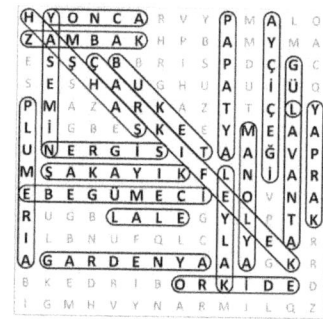

46 - Ecologia

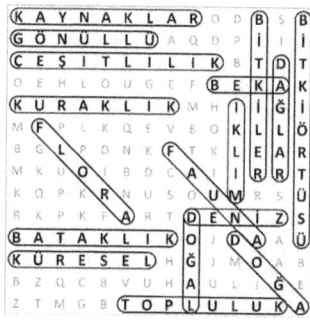

47 - Discipline Scientifiche

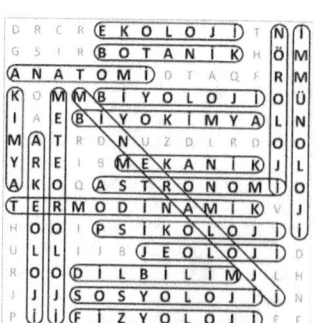

48 - Scienza

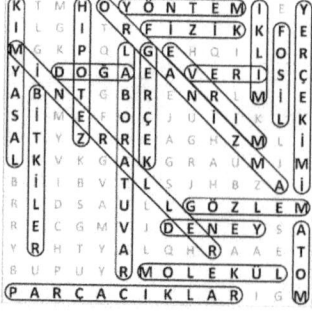

49 - Acqua

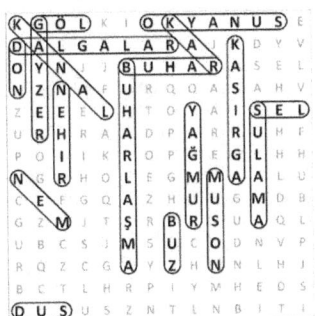

50 - Gatti

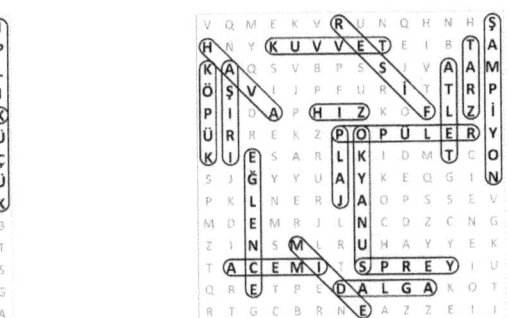

51 - Surf

52 - Imbarcazioni

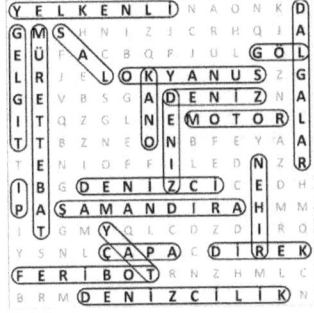

53 - Api

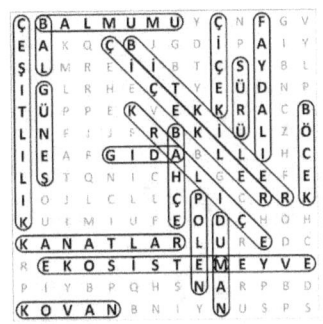

54 - Strumenti Musicali

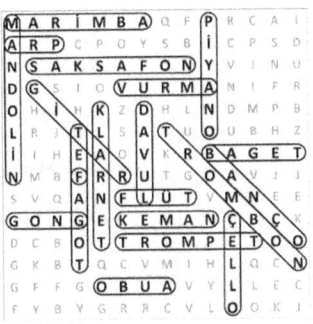

55 - Professioni #2

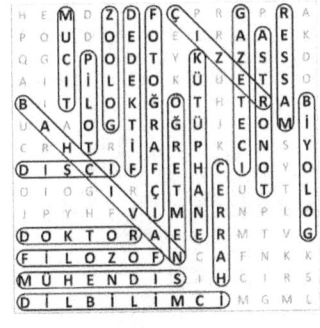

56 - Letteratura

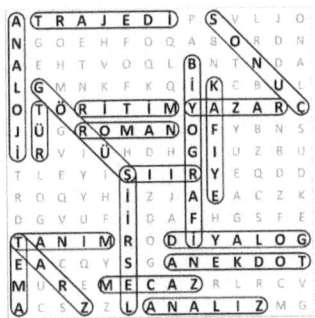

57 - Cibo #2

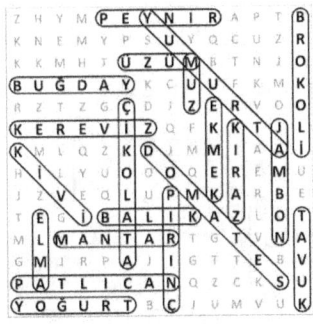

58 - Nutrizione

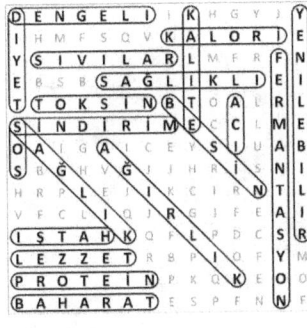

59 - Matematica

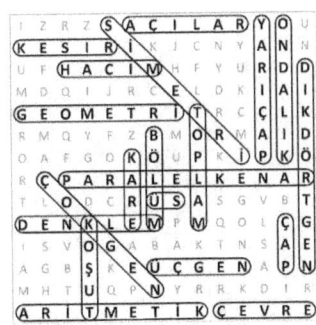

60 - Vacanza #1

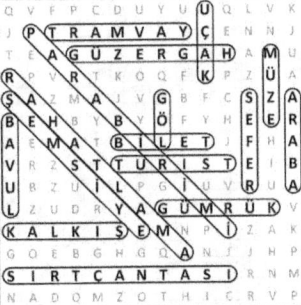

61 - Bagno

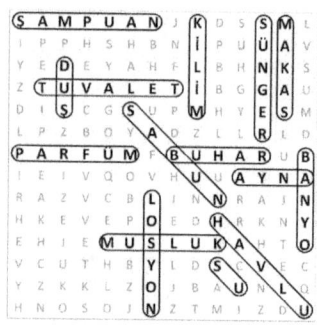

62 - Meditazione

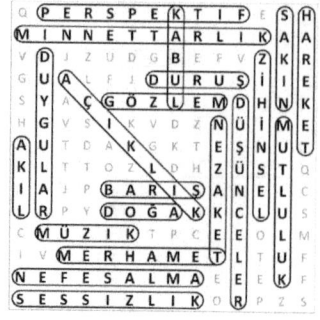

63 - Estate

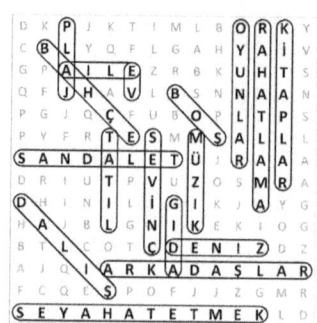

64 - Escursionismo

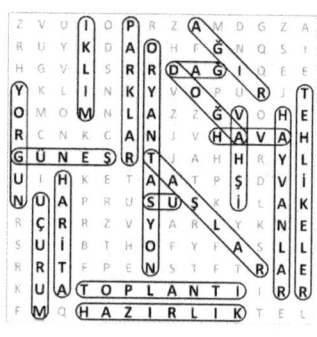

65 - Professioni #1

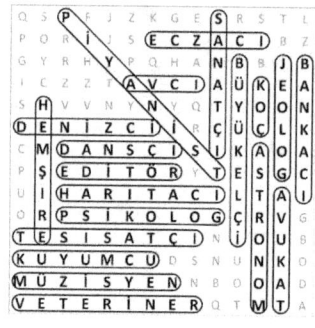

66 - Antartide

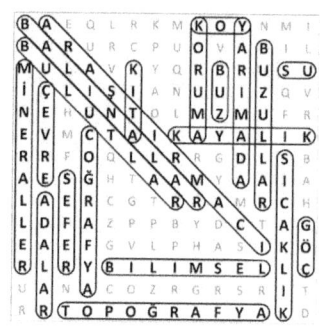

67 - Libri

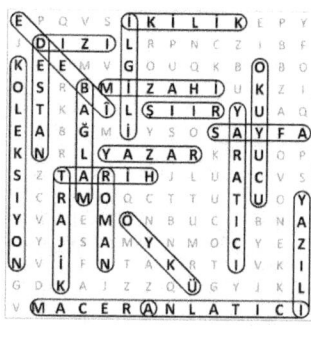

68 - Geografia

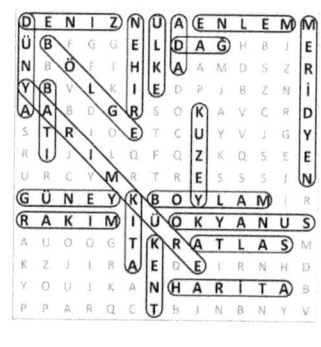

69 - Cibo #1

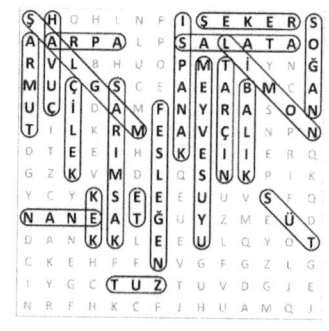

70 - Aeroplani

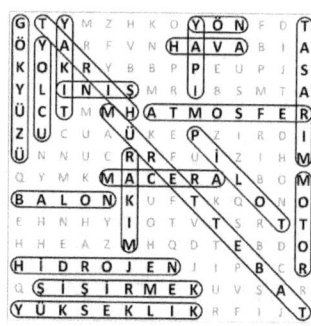

71 - Pirati

72 - Colori

73 - Spiaggia

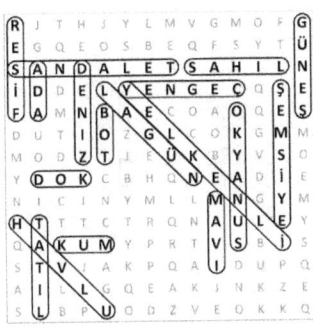

74 - Avventura

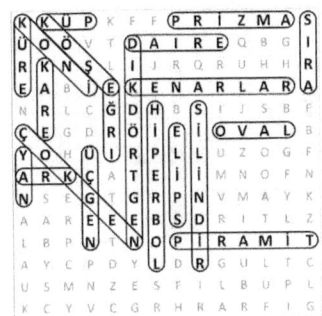

75 - Forme

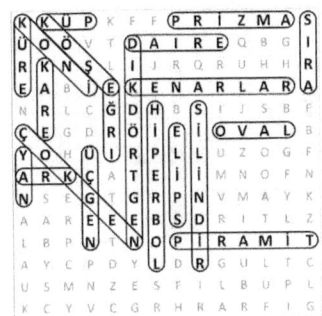

76 - Oceano

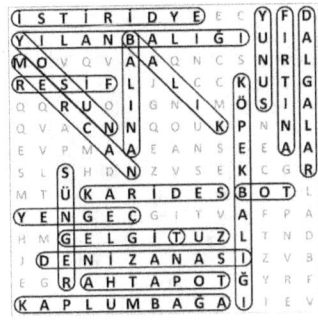

77 - Famiglia

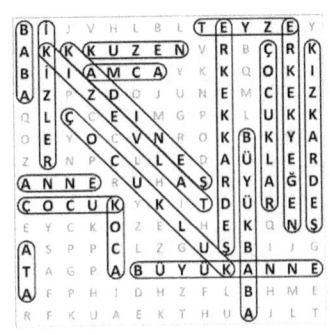

78 - Veicoli

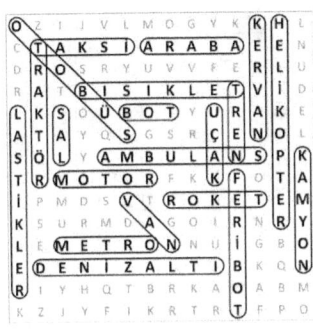

79 - Emozioni

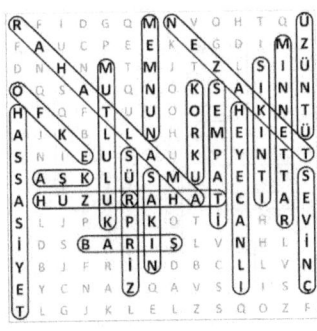

80 - Natura

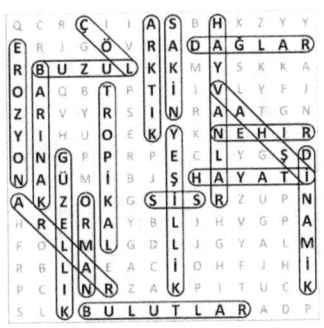

81 - Balletto

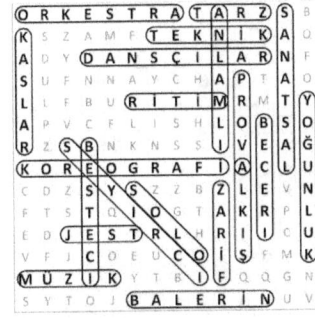

82 - Castelli

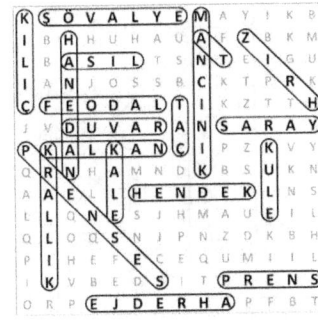

83 - Campionato

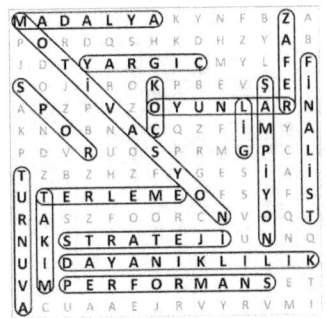

84 - Foresta Pluviale

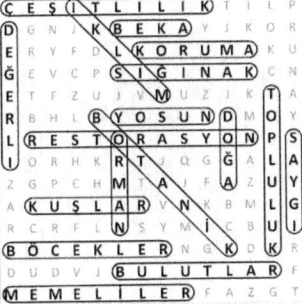

85 - Edifici

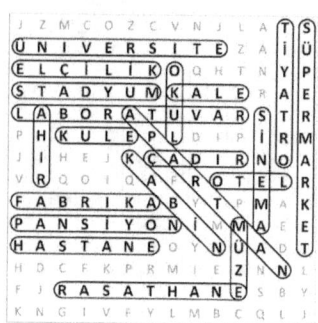

86 - Paesi #2

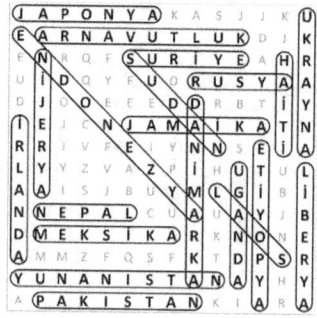

87 - Tipi di Capelli

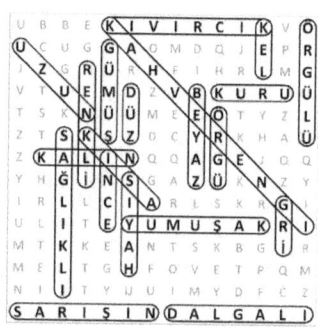

88 - Vestiti

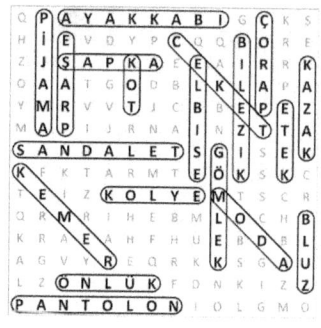

89 - Attività e Tempo Libero

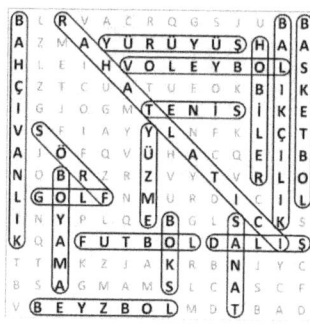

90 - Tecnologia

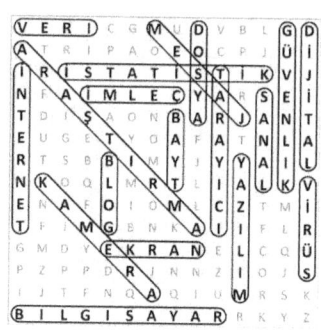

91 - Meteo

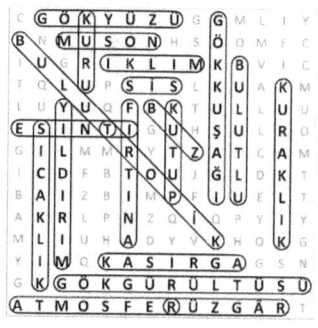

92 - Corpo Umano

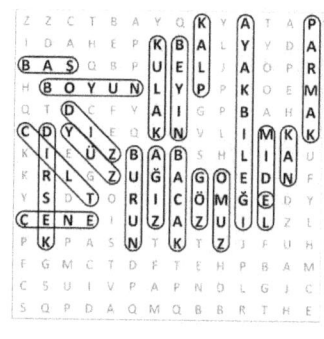

93 - Mammiferi

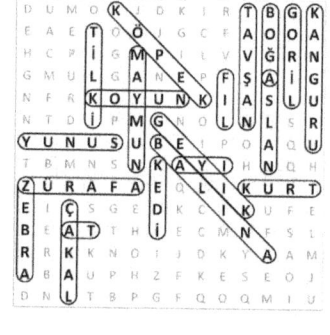

94 - Arrampicata

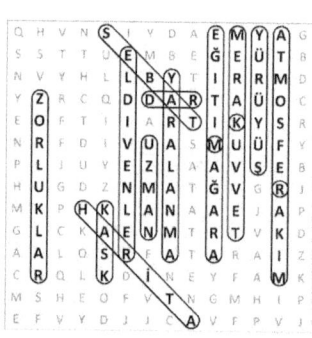

95 - Animali Domestici

96 - Cucina

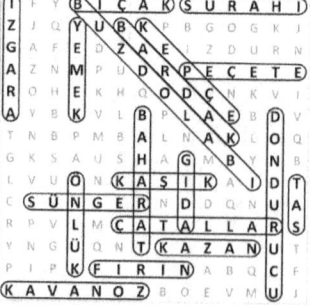

97 - Vacanze #2

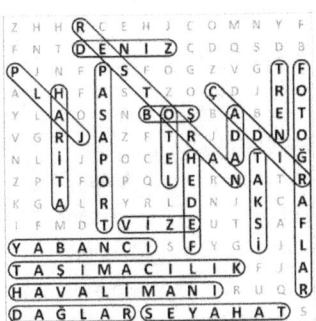

98 - Attività

99 - Forniture Artistiche

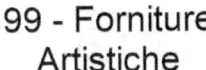
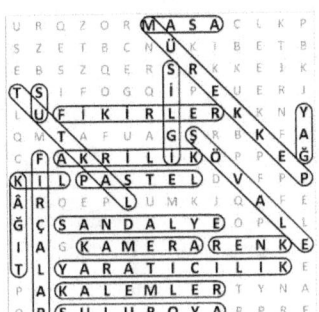

100 - Misurazioni

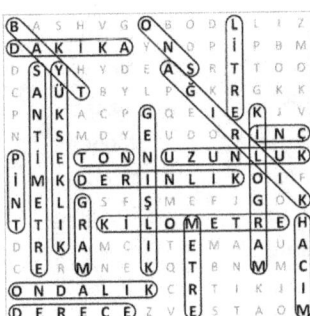

Dizionario

Acqua
Suçlu

Alluvione	Sel
Canale	Kanal
Doccia	Duş
Evaporazione	Buharlaşma
Fiume	Nehir
Gelo	Don
Geyser	Gayzer
Ghiaccio	Buz
Irrigazione	Sulama
Lago	Göl
Monsone	Muson
Neve	Kar
Oceano	Okyanus
Onde	Dalgalar
Pioggia	Yağmur
Umidità	Nem
Uragano	Kasirga
Vapore	Buhar

Aeroplani
Uçaklar

Altezza	Yükseklik
Altitudine	Rakim
Aria	Hava
Atmosfera	Atmosfer
Avventura	Macera
Carburante	Yakit
Cielo	Gökyüzü
Costruzione	Yapi
Design	Tasarim
Direzione	Yön
Discesa	Iniş
Equipaggio	Mürettebat
Gonfiare	Şişirmek
Idrogeno	Hidrojen
Motore	Motor
Palloncino	Balon
Passeggero	Yolcu
Pilota	Pilot
Storia	Tarih
Turbolenza	Türbülans

Aggettivi #1
Sıfatlar #1

Ambizioso	Hirsli
Aromatico	Aromatik
Artistico	Sanatsal
Assoluto	Mutlak
Attivo	Etkin
Enorme	Kocaman
Esotico	Egzotik
Generoso	Cömert
Giovane	Genç
Grande	Büyük
Identico	Özdeş
Importante	Önemli
Lento	Yavaş
Lungo	Uzun
Moderno	Modern
Onesto	Dürüst
Perfetto	Kusursuz
Pesante	Ağir
Prezioso	Değerli
Sottile	Ince

Aggettivi #2
Sıfatlar #2

Affamato	Aç
Asciutto	Kuru
Autentico	Otantik
Creativo	Yaratici
Descrittivo	Açiklayici
Dolce	Tatli
Drammatico	Dramatik
Elegante	Zarif
Famoso	Ünlü
Forte	Güçlü
Interessante	Enteresan
Naturale	Doğal
Normale	Normal
Nuovo	Yeni
Orgoglioso	Gururlu
Produttivo	Üretken
Puro	Saf
Responsabile	Sorumlu
Salato	Tuzlu
Sano	Sağlikli

Animali Domestici
Evcil Hayvan

Acqua	Su
Cane	Köpek
Capra	Keçi
Cibo	Gida
Coda	Kuyruk
Collare	Yaka
Coniglio	Tavşan
Criceto	Hamster
Cucciolo	Köpek Yavrusu
Gattino	Kedi Yavrusu
Gatto	Kedi
Guinzaglio	Tasma
Lucertola	Kertenkele
Mucca	İnek
Pappagallo	Papağan
Pesce	Balik
Tartaruga	Kaplumbağa
Topo	Fare
Veterinario	Veteriner
Zampe	Pençe

Antartide
Antarktika

Acqua	Su
Ambiente	Çevre
Baia	Koy
Balene	Balinalar
Conservazione	Koruma
Continente	Kita
Geografia	Coğrafya
Ghiacciai	Buzullar
Ghiaccio	Buz
Isole	Adalar
Migrazione	Göç
Minerali	Mineraller
Nuvole	Bulutlar
Penisola	Yarimada
Ricercatore	Araştirmaci
Roccioso	Kayalik
Scientifico	Bilimsel
Spedizione	Sefer
Temperatura	Sicaklik
Topografia	Topoğrafya

Api
Arılar

Ali	Kanatlar
Alveare	Kovan
Benefico	Faydali
Cera	Balmumu
Cibo	Gida
Diversità	Çeşitlilik
Ecosistema	Ekosistem
Fiori	Çiçekler
Fiorire	Çiçek
Frutta	Meyve
Fumo	Duman
Giardino	Bahçe
Insetto	Böcek
Miele	Bal
Piante	Bitkiler
Polline	Polen
Regina	Kraliçe
Sciame	Sürü
Sole	Güneş

Arrampicata
Tırmanmak

Altitudine	Rakim
Atmosfera	Atmosfer
Casco	Kask
Curiosità	Merak
Escursioni	Yürüyüş
Esperto	Uzman
Formazione	Eğitim
Forza	Kuvvet
Grotta	Mağara
Guanti	Eldivenler
Lesione	Yaralanma
Mappa	Harita
Sfide	Zorluklar
Stabilità	Sebat
Stretto	Dar

Arti Visive
Görsel Sanatlar

Architettura	Mimari
Argilla	Kil
Artista	Sanatçi
Capolavoro	Başyapit
Cavalletto	Şövale
Cera	Balmumu
Composizione	Kompozisyon
Creatività	Yaraticilik
Film	Film
Fotografia	Fotoğraf
Gesso	Tebeşir
Penna	Kalem
Pittura	Boyama
Prospettiva	Perspektif
Ritratto	Portre
Scultura	Heykel
Stampino	Şablon

Astronomia
Astronomi

Astronauta	Astronot
Astronomo	Astronom
Celeste	Göksel
Cielo	Gökyüzü
Costellazione	Takimyildiz
Equinozio	Ekinoks
Galassia	Gökada
Gravità	Yerçekimi
Luna	Ay
Meteora	Meteor
Nebulosa	Bulutsu
Osservatorio	Rasathane
Pianeta	Gezegen
Radiazione	Radyasyon
Razzo	Roket
Supernova	Süpernova
Telescopio	Teleskop
Terra	Toprak
Universo	Evren
Zodiaco	Zodyak

Attività
Etkinlikler

Abilità	Beceri
Arte	Sanat
Caccia	Avcilik
Ceramica	Seramik
Cucire	Dikiş
Danza	Dans
Escursioni	Yürüyüş
Fotografia	Fotoğrafçilik
Giardinaggio	Bahçivanlik
Giochi	Oyunlar
Lettura	Okuma
Magia	Sihir
Maglieria	Örme
Pesca	Balikçilik
Piacere	Zevk
Pittura	Boyama
Puzzle	Bulmacalar
Rilassamento	Rahatlama
Tempo Libero	Boş

Attività e Tempo Libero
Aktiviteler ve boş Zaman

Arte	Sanat
Baseball	Beyzbol
Basket	Basketbol
Boxe	Boks
Calcio	Futbol
Escursioni	Yürüyüş
Giardinaggio	Bahçivanlik
Golf	Golf
Hobby	Hobiler
Immersione	Daliş
Nuoto	Yüzme
Pallavolo	Voleybol
Pesca	Balikçilik
Pittura	Boyama
Rilassante	Rahatlatici
Surf	Sörf
Tennis	Tenis
Viaggio	Seyahat Etmek

Avventura
Macera

Amici	Arkadaşlar
Bellezza	Güzellik
Caso	Şans
Coraggio	Cesaret
Destinazione	Hedef
Difficoltà	Zorluk
Entusiasmo	Heves
Escursione	Gezi
Gioia	Sevinç
Insolito	Olağan Dişi
Itinerario	Güzergah
Natura	Doğa
Navigazione	Sefer
Nuovo	Yeni
Opportunità	Firsat
Pericoloso	Tehlikeli
Preparazione	Hazirlik
Sfide	Zorluklar
Sicurezza	Emniyet
Viaggi	Seyahatler

Bagno
Banyo

Acqua	Su
Asciugamano	Havlu
Bagno	Banyo
Doccia	Duş
Forbici	Makas
Gabinetto	Tuvalet
Lozione	Losyon
Profumo	Parfüm
Rubinetto	Musluk
Sapone	Sabun
Shampoo	Şampuan
Specchio	Ayna
Spugna	Sünger
Tappeto	Kilim
Vapore	Buhar

Balletto
Bale

Abilità	Beceri
Applauso	Alkiş
Artistico	Sanatsal
Assolo	Solo
Ballerina	Balerin
Ballerini	Dansçilar
Compositore	Besteci
Coreografia	Koreografi
Espressivo	Anlamli
Gesto	Jest
Grazioso	Zarif
Intensità	Yoğunluk
Muscoli	Kaslar
Musica	Müzik
Orchestra	Orkestra
Prova	Prova
Pubblico	Seyirci
Ritmo	Ritim
Stile	Tarz
Tecnica	Teknik

Barbecue
Barbeküler

Bambini	Çocuklar
Caldo	Sicak
Cibo	Gida
Cipolle	Soğan
Coltelli	Biçak
Estate	Yaz
Fame	Açlik
Famiglia	Aile
Frutta	Meyve
Giochi	Oyunlar
Griglia	Izgara
Insalate	Salatalar
Invito	Davet
Musica	Müzik
Pepe	Biber
Pollo	Tavuk
Pomodori	Domatesler
Sale	Tuz
Salsa	Sos
Verdure	Sebzeler

Campeggio
Kamp Yapmak

Alberi	Ağaçlar
Amaca	Hamak
Animali	Hayvanlar
Avventura	Macera
Bussola	Pusula
Cabina	Kabin
Caccia	Avcilik
Canoa	Kano
Cappello	Şapka
Corda	Ip
Divertimento	Eğlence
Foresta	Orman
Fuoco	Ateş
Insetto	Böcek
Lago	Göl
Luna	Ay
Mappa	Harita
Montagna	Dağ
Natura	Doğa
Tenda	Çadir

Campionato
Şampiyonluk

Allenatore	Koç
Campione	Şampiyon
Finalista	Finalist
Giochi	Oyunlar
Giudice	Yargiç
Lega	Lig
Medaglia	Madalya
Motivazione	Motivasyon
Prestazione	Performans
Resistenza	Dayaniklilik
Sportivo	Spor
Squadra	Takim
Strategia	Strateji
Sudore	Terleme
Torneo	Turnuva
Vittoria	Zafer

Casa
Ev

Attico	Çati Kati
Biblioteca	Kütüphane
Camera	Oda
Camino	Şömine
Cucina	Mutfak
Doccia	Duş
Finestra	Pencere
Garage	Garaj
Giardino	Bahçe
Lampada	Lamba
Parete	Duvar
Pavimento	Zemin
Porta	Kapi
Recinto	Çit
Rubinetto	Musluk
Scopa	Süpürge
Soffitto	Tavan
Specchio	Ayna
Tappeto	Kilim
Tetto	Çati

Castelli
Kaleler

Armatura	Zirh
Catapulta	Mancinik
Cavaliere	Şövalye
Cavallo	At
Corona	Taç
Dinastia	Hanedan
Drago	Ejderha
Feudale	Feodal
Fortezza	Kale
Fossato	Hendek
Impero	Imparatorluk
Nobile	Asil
Palazzo	Saray
Parete	Duvar
Principe	Prens
Principessa	Prenses
Regno	Krallik
Scudo	Kalkan
Spada	Kiliç
Torre	Kule

Cibo #1
Yemek #1

Aglio	Sarimsak
Basilico	Fesleğen
Cannella	Tarçin
Carne	Et
Carota	Havuç
Cipolla	Soğan
Fragola	Çilek
Insalata	Salata
Latte	Süt
Limone	Limon
Menta	Nane
Orzo	Arpa
Pera	Armut
Rapa	Şalgam
Sale	Tuz
Spinaci	Ispanak
Succo	Meyve Suyu
Tonno	Balik
Torta	Kek
Zucchero	Şeker

Cibo #2
Yemek #2

Banana	Muz
Broccolo	Brokoli
Ciliegia	Kiraz
Cioccolato	Çikolata
Formaggio	Peynir
Fungo	Mantar
Grano	Buğday
Kiwi	Kivi
Mela	Elma
Melanzana	Patlican
Pane	Ekmek
Pesce	Balik
Pollo	Tavuk
Pomodoro	Domates
Prosciutto	Jambon
Riso	Pirinç
Sedano	Kereviz
Uovo	Yumurta
Uva	Üzüm
Yogurt	Yoğurt

Cioccolato
Çikolatalı

Amaro	Aci
Antiossidante	Antioksidan
Aroma	Aroma
Artigianale	Zanaat
Brama	Özlem
Cacao	Kakao
Calorie	Kalori
Caramello	Karamel
Delizioso	Lezzetli
Dolce	Tatli
Esotico	Egzotik
Gusto	Tat
Ingrediente	Içerik
Mangiare	Yemek
Polvere	Toz
Preferito	Favori
Qualità	Kalite
Zucchero	Şeker

Circo
Sirk

Acrobata	Akrobat
Animali	Hayvanlar
Biglietto	Bilet
Caramella	Şeker
Clown	Palyaço
Costume	Kostüm
Elefante	Fil
Giocoliere	Hokkabaz
Leone	Aslan
Magia	Sihir
Mago	Sihirbaz
Musica	Müzik
Palloncini	Balonlar
Parata	Alay
Scimmia	Maymun
Spettacolare	Muhteşem
Spettatore	Seyirci
Tenda	Çadir
Tigre	Kaplan
Trucco	Hile

Città
Kasaba

Aeroporto	Havalimani
Banca	Banka
Biblioteca	Kütüphane
Cinema	Sinema
Clinica	Klinik
Farmacia	Eczane
Fiorista	Çiçekçi
Galleria	Galeri
Hotel	Otel
Libreria	Kitapçi
Mercato	Pazar
Museo	Müze
Negozio	Mağaza
Panetteria	Firin
Ristorante	Restoran
Scuola	Okul
Stadio	Stadyum
Supermercato	Süpermarket
Teatro	Tiyatro
Università	Üniversite

Colori
Renk

Arancia	Turuncu
Beige	Bej
Bianco	Beyaz
Blu	Mavi
Ciano	Camgöbeği
Fucsia	Fuşya
Giallo	Sari
Grigio	Gri
Marrone	Kahverengi
Nero	Siyah
Rosa	Pembe
Rosso	Kirmizi
Seppia	Sepya
Verde	Yeşil
Viola	Mor

Compleanno
Doğum Günü

Amici	Arkadaşlar
Anno	Yil
Calendario	Takvim
Candele	Mumlar
Canzone	Şarki
Carte	Kart
Celebrazione	Kutlama
Crescere	Büyümek
Divertimento	Eğlence
Felice	Mutlu
Gioioso	Neşeli
Giorno	Gün
Giovane	Genç
Nato	Doğmuş
Partito	Taraf
Regalo	Hediye
Saggezza	Bilgelik
Speciale	Özel
Tempo	Zaman
Torta	Kek

Corpo Umano
İnsan Vücudu

Bocca	Ağiz
Caviglia	Ayak Bileği
Cervello	Beyin
Collo	Boyun
Cuore	Kalp
Dito	Parmak
Faccia	Yüz
Gamba	Bacak
Ginocchio	Diz
Gomito	Dirsek
Mano	El
Mento	Çene
Naso	Burun
Occhio	Göz
Orecchio	Kulak
Pelle	Cilt
Sangue	Kan
Spalla	Omuz
Stomaco	Mide
Testa	Baş

Cucina
Mutfak

Bollitore	Kazan
Brocca	Sürahi
Cibo	Gida
Ciotola	Tas
Coltelli	Biçak
Congelatore	Dondurucu
Cucchiai	Kaşik
Forchette	Çatallar
Forno	Firin
Frigorifero	Buzdolabi
Grembiule	Önlük
Griglia	Izgara
Mangiare	Yemek
Mestolo	Kepçe
Spezie	Baharat
Spugna	Sünger
Tazze	Bardak
Tovagliolo	Peçete
Vaso	Kavanoz

Danza
Dans

Accademia	Akademi
Arte	Sanat
Classico	Klasik
Compagno	Ortak
Coreografia	Koreografi
Corpo	Vücut
Cultura	Kültür
Culturale	Kültürel
Emozione	Duygu
Espressivo	Anlamli
Gioioso	Neşeli
Grazia	Lütuf
Movimento	Hareket
Musica	Müzik
Postura	Duruş
Prova	Prova
Ritmo	Ritim
Tradizionale	Geleneksel
Visivo	Görsel

Dinosauri
Dinozorlar

Ali	Kanatlar
Coda	Kuyruk
Enorme	Devasa
Erbivoro	Otçul
Evoluzione	Evrim
Fossili	Fosiller
Grande	Büyük
Mammut	Mamut
Onnivoro	Omnivore
Potente	Güçlü
Preda	Av
Preistorico	Prehistorik
Rettile	Sürüngen
Scomparsa	Kaybolma
Taglia	Boyut
Terra	Toprak
Vizioso	Kötü

Discipline Scientifiche
Bilimsel Disiplinler

Anatomia	Anatomi
Archeologia	Arkeoloji
Astronomia	Astronomi
Biochimica	Biyokimya
Biologia	Biyoloji
Botanica	Botanik
Chimica	Kimya
Ecologia	Ekoloji
Fisiologia	Fizyoloji
Geologia	Jeoloji
Immunologia	İmmünoloji
Linguistica	Dilbilim
Meccanica	Mekanik
Meteorologia	Meteoroloji
Mineralogia	Mineraloji
Neurologia	Nöroloji
Psicologia	Psikoloji
Sociologia	Sosyoloji
Termodinamica	Termodinamik
Zoologia	Zooloji

Ecologia
Ekoloji

Clima	Iklim
Comunità	Topluluk
Diversità	Çeşitlilik
Fauna	Fauna
Flora	Flora
Globale	Küresel
Marino	Deniz
Montagne	Dağlar
Natura	Doğa
Naturale	Doğal
Palude	Bataklik
Piante	Bitkiler
Risorse	Kaynaklar
Siccità	Kuraklik
Sopravvivenza	Beka
Vegetazione	Bitki Örtüsü
Volontari	Gönüllü

Edifici
Site

Ambasciata	Elçilik
Appartamento	Apartman
Cabina	Kabin
Castello	Kale
Cinema	Sinema
Fabbrica	Fabrika
Fienile	Ahir
Hotel	Otel
Laboratorio	Laboratuvar
Museo	Müze
Ospedale	Hastane
Osservatorio	Rasathane
Ostello	Pansiyon
Scuola	Okul
Stadio	Stadyum
Supermercato	Süpermarket
Teatro	Tiyatro
Tenda	Çadir
Torre	Kule
Università	Üniversite

Emozioni
Duygular

Amore	Aşk
Beatitudine	Mutluluk
Calma	Sakin
Eccitato	Heyecanli
Gentilezza	Nezaket
Gioia	Sevinç
Grato	Minnettar
Noia	Sikinti
Pace	Bariş
Paura	Korku
Rabbia	Öfke
Rilassato	Rahat
Rilievo	Rahatlama
Simpatia	Sempati
Soddisfatto	Memnun
Sorpresa	Sürpriz
Tenerezza	Hassasiyet
Tranquillità	Huzur
Tristezza	Üzüntü

Erboristeria
Bitkicilik

Aglio	Sarimsak
Aneto	Dereotu
Aromatico	Aromatik
Basilico	Fesleğen
Culinario	Mutfak
Dragoncello	Tarhun
Finocchio	Rezene
Fiore	Çiçek
Giardino	Bahçe
Ingrediente	Içerik
Lavanda	Lavanta
Maggiorana	Mercanköşk
Menta	Nane
Pianta	Bitki
Prezzemolo	Maydanoz
Qualità	Kalite
Rosmarino	Biberiye
Timo	Kekik
Verde	Yeşil
Zafferano	Safran

Escursionismo
Yürüyüş

Acqua	Su
Animali	Hayvanlar
Clima	İklim
Mappa	Harita
Meteo	Hava
Montagna	Dağ
Natura	Doğa
Orientamento	Oryantasyon
Parchi	Parklar
Pericoli	Tehlikeler
Pesante	Ağir
Pietre	Taşlar
Preparazione	Hazirlik
Scogliera	Uçurum
Selvaggio	Vahşi
Sole	Güneş
Stanco	Yorgun
Vertice	Toplanti

Estate
Yaz

Amici	Arkadaşlar
Casa	Ev
Cibo	Gida
Famiglia	Aile
Giardino	Bahçe
Giochi	Oyunlar
Gioia	Sevinç
Immersione	Daliş
Libri	Kitaplar
Mare	Deniz
Musica	Müzik
Rilassamento	Rahatlama
Sandali	Sandalet
Spiaggia	Plaj
Tempo Libero	Boş
Vacanza	Tatil
Viaggio	Seyahat Etmek

Famiglia
Aile

Antenato	Ata
Bambini	Çocuklar
Bambino	Çocuk
Cugino	Kuzen
Figlia	Kiz Evlat
Fratello	Erkek Kardeş
Gemelli	İkizler
Infanzia	Çocukluk
Madre	Anne
Marito	Koca
Moglie	Kadin Eş
Nipote	Erkek Yeğen
Nonna	Büyükanne
Nonno	Büyük Baba
Padre	Baba
Sorella	Kiz Kardeş
Zia	Teyze
Zio	Amca

Fantascienza
Bilim Kurgu

Atomico	Atomik
Cinema	Sinema
Esplosione	Patlama
Estremo	Aşiri
Fantastico	Fantastik
Fuoco	Ateş
Futuristico	Fütüristik
Galassia	Gökada
Illusione	Yanilsama
Immaginario	Hayali
Libri	Kitaplar
Misterioso	Gizemli
Mondo	Dünya
Oracolo	Kehanet
Pianeta	Gezegen
Realistico	Gerçekçi
Robot	Robotlar
Scenario	Senaryo
Tecnologia	Teknoloji
Utopia	Ütopya

Fattoria #1
Çiftlik #1

Acqua	Su
Agricoltura	Tarim
Ape	Ari
Asino	Eşek
Campo	Alan
Cane	Köpek
Capra	Keçi
Cavallo	At
Fertilizzante	Gübre
Fieno	Saman
Gatto	Kedi
Gregge	Sürü
Maiale	Domuz
Miele	Bal
Mucca	İnek
Pollo	Tavuk
Recinto	Çit
Riso	Pirinç
Semi	Tohum
Vitello	Buzaği

Fattoria #2
Çiftlik #2

Agnello	Kuzu
Agricoltore	Çiftçi
Alveare	Kovan
Anatra	Ördek
Animali	Hayvanlar
Cibo	Gida
Fienile	Ahir
Frutta	Meyve
Frutteto	Bahçe
Grano	Buğday
Irrigazione	Sulama
Lama	Lama
Latte	Süt
Mais	Misir
Oche	Kazlar
Orzo	Arpa
Pastore	Çoban
Pecora	Koyun
Prato	Çayir
Trattore	Traktör

Fiori
Çiçekler

Gardenia	Gardenya
Gelsomino	Yasemin
Giglio	Zambak
Girasole	Ayçiçeği
Ibisco	Ebegümeci
Lavanda	Lavanta
Lilla	Leylak
Magnolia	Manolya
Margherita	Papatya
Mazzo	Buket
Narciso	Nergis
Orchidea	Orkide
Papavero	Haşhaş
Passiflora	Çarkifelek
Peonia	Şakayik
Petalo	Yaprak
Plumeria	Plumeria
Rosa	Gül
Trifoglio	Yonca
Tulipano	Lale

Foresta Pluviale
Yağmur Ormanları

Botanico	Botanik
Clima	Iklim
Comunità	Topluluk
Diversità	Çeşitlilik
Giungla	Orman
Insetti	Böcekler
Mammiferi	Memeliler
Muschio	Yosun
Natura	Doğa
Nuvole	Bulutlar
Preservazione	Koruma
Prezioso	Değerli
Restauro	Restorasyon
Rifugio	Siğinak
Rispetto	Saygi
Sopravvivenza	Beka
Uccelli	Kuşlar

Forme
Şekilliler

Angolo	Köşe
Arco	Ark
Bordi	Kenarlar
Cerchio	Daire
Cilindro	Silindir
Cono	Koni
Cubo	Küp
Curva	Eğri
Ellisse	Elips
Iperbole	Hiperbol
Lato	Yan
Linea	Sira
Ovale	Oval
Piramide	Piramit
Poligono	Çokgen
Prisma	Prizma
Quadrato	Kare
Rettangolo	Dikdörtgen
Sfera	Küre
Triangolo	Üçgen

Forniture Artistiche
Sanat Malzemeleri

Acqua	Su
Acquerelli	Suluboya
Acrilico	Akrilik
Argilla	Kil
Carta	Kâğit
Cavalletto	Şövale
Colla	Tutkal
Colori	Renk
Creatività	Yaraticilik
Gomma	Silgi
Idee	Fikirler
Inchiostro	Mürekkep
Matite	Kalemler
Olio	Yağ
Pastelli	Pastel
Sedia	Sandalye
Spazzole	Firçalar
Tavolo	Masa
Telecamera	Kamera

Frutta
Meyve

Albicocca	Kayisi
Ananas	Ananas
Arancia	Turuncu
Avocado	Avokado
Bacca	Dut
Banana	Muz
Ciliegia	Kiraz
Kiwi	Kivi
Lampone	Ahududu
Limone	Limon
Mango	Mango
Mela	Elma
Melone	Kavun
Mora	Böğürtlen
Nettarina	Nektar
Papaia	Papaya
Pera	Armut
Pesca	Şeftali
Prugna	Erik
Uva	Üzüm

Gatti
Kediler

Affettuoso	Sevecen
Cacciatore	Avci
Coda	Kuyruk
Curioso	Merakli
Dormire	Uyku
Filo	Iplik
Indipendente	Bağimsiz
Pazzo	Deli
Pelliccia	Kürk
Personalità	Kişilik
Poco	Küçük
Selvaggio	Vahşi
Timido	Utangaç
Topo	Fare
Veloce	Hizli
Zampa	Pençe

Gentilezza
Nezaket

Affettuoso	Sevecen
Affidabile	Güvenilir
Amichevole	Dostça
Amorevole	Seven
Attento	Özenli
Comprensione	Anlayiş
Felice	Mutlu
Generoso	Cömert
Genuino	Gerçek
Onesto	Dürüst
Ospitale	Misafirperver
Paziente	Hasta
Ricettivo	Alici
Rispettoso	Saygili
Tollerante	Hoşgörülü
Utile	Yararli

Geografia
Coğrafya

Altitudine	Rakim
Atlante	Atlas
Città	Kent
Continente	Kita
Emisfero	Yarimküre
Fiume	Nehir
Isola	Ada
Latitudine	Enlem
Longitudine	Boylam
Mappa	Harita
Mare	Deniz
Meridiano	Meridyen
Mondo	Dünya
Montagna	Dağ
Nord	Kuzey
Oceano	Okyanus
Ovest	Bati
Paese	Ülke
Sud	Güney
Territorio	Bölge

Geologia
Jeoloji

Acido	Asit
Altopiano	Yayla
Calcio	Kalsiyum
Caverna	Mağara
Continente	Kita
Corallo	Mercan
Cristalli	Kristaller
Erosione	Erozyon
Fossile	Fosil
Geyser	Gayzer
Lava	Lav
Minerali	Mineraller
Pietra	Taş
Quarzo	Kuvars
Sale	Tuz
Stalattite	Sarkit
Strato	Katman
Terremoto	Deprem
Vulcano	Volkan
Zona	Bölge

Giardino
Bahçe

Albero	Ağaç
Amaca	Hamak
Cespuglio	Çali
Erba	Çimen
Erbacce	Otlar
Fiore	Çiçek
Garage	Garaj
Giardino	Bahçe
Pala	Kürek
Panca	Bank
Portico	Veranda
Rastrello	Tirmik
Recinto	Çit
Stagno	Gölet
Suolo	Toprak
Terrazza	Teras
Trampolino	Trambolin
Tubo	Hortum
Vite	Asma

Giocattoli
Oyuncaklar

Aereo	Uçak
Aquilone	Uçurtma
Argilla	Kil
Auto	Araba
Bambola	Oyuncak Bebek
Barca	Bot
Batteria	Davul
Bicicletta	Bisiklet
Camion	Kamyon
Giochi	Oyunlar
Immaginazione	Hayal Gücü
Libri	Kitaplar
Palla	Top
Preferito	Favori
Puzzle	Bulmaca
Robot	Robot
Scacchi	Satranç
Treno	Tren

Giorni e Mesi
Günler ve Aylar

Agosto	Ağustos
Anno	Yil
Aprile	Nisan
Calendario	Takvim
Dicembre	Aralik
Domenica	Pazar
Febbraio	Şubat
Gennaio	Ocak
Giugno	Haziran
Luglio	Temmuz
Lunedì	Pazartesi
Martedì	Sali
Mercoledì	Çarşamba
Mese	Ay
Novembre	Kasim
Ottobre	Ekim
Sabato	Cumartesi
Settembre	Eylül
Settimana	Hafta
Venerdì	Cuma

Guida
Sürüş

Auto	Araba
Autobus	Otobüs
Carburante	Yakit
Freni	Frenler
Garage	Garaj
Gas	Gaz
Incidente	Kaza
Licenza	Lisans
Mappa	Harita
Moto	Motosiklet
Motore	Motor
Pedonale	Yaya
Pericolo	Tehlike
Polizia	Polis
Sicurezza	Emniyet
Strada	Yol
Traffico	Trafik
Trasporto	Taşimacilik
Tunnel	Tünel
Velocità	Hiz

Imbarcazioni
Tekneler

Albero	Direk
Ancora	Çapa
Barca a Vela	Yelkenli
Boa	Şamandira
Canoa	Kano
Corda	Ip
Equipaggio	Mürettebat
Fiume	Nehir
Lago	Göl
Mare	Deniz
Marea	Gelgit
Marinaio	Denizci
Marittimo	Denizcilik
Motore	Motor
Nautico	Deniz
Oceano	Okyanus
Onde	Dalgalar
Traghetto	Feribot
Yacht	Yat
Zattera	Sal

Insetti
Böcekler

Afide	Yaprakdid
Ape	Ari
Cavalletta	Çekirge
Cicala	Ağustosböceği
Coccinella	Uğur Böceği
Falena	Güve
Farfalla	Kelebek
Formica	Karinca
Larva	Larva
Libellula	Yusufçuk
Locusta	Keçiboynuzu
Mantide	Mantis
Moscerino	Sivrisinek
Pulce	Pire
Scarafaggio	Böcek
Termite	Termit
Verme	Solucan
Vespa	Yaban Arisi
Zanzara	Sivrisinek

Letteratura
Edebiyat

Analisi	Analiz
Analogia	Analoji
Aneddoto	Anekdot
Autore	Yazar
Biografia	Biyografi
Conclusione	Sonuç
Confronto	Karşilaştirma
Descrizione	Tanim
Dialogo	Diyalog
Genere	Tür
Metafora	Mecaz
Opinione	Görüş
Poesia	Şiir
Poetico	Şiirsel
Rima	Kafiye
Ritmo	Ritim
Romanzo	Roman
Stile	Tarz
Tema	Tema
Tragedia	Trajedi

Libri
Kitaplar

Autore	Yazar
Avventura	Macera
Collezione	Koleksiyon
Contesto	Bağlam
Dualità	İkilik
Epico	Destan
Inventivo	Yaratici
Letterario	Edebî
Lettore	Okuyucu
Narratore	Anlatici
Pagina	Sayfa
Poesia	Şiir
Rilevante	İlgili
Romanzo	Roman
Scritto	Yazili
Serie	Dizi
Storia	Öykü
Storico	Tarih
Tragico	Trajik
Umoristico	Mizahi

Mammiferi
Memeliler

Balena	Balina
Cane	Köpek
Canguro	Kanguru
Cavallo	At
Cervo	Geyik
Coniglio	Tavşan
Coyote	Çakal
Delfino	Yunus
Elefante	Fil
Gatto	Kedi
Giraffa	Zürafa
Gorilla	Goril
Leone	Aslan
Lupo	Kurt
Orso	Ayi
Pecora	Koyun
Scimmia	Maymun
Toro	Boğa
Volpe	Tilki
Zebra	Zebra

Matematica
Matematik

Angoli	Açilar
Aritmetica	Aritmetik
Decimale	Ondalik
Diametro	Çap
Divisione	Bölüm
Equazione	Denklem
Esponente	Üs
Frazione	Kesir
Geometria	Geometri
Parallelo	Koşut
Parallelogramma	Paralelkenar
Perimetro	Çevre
Poligono	Çokgen
Quadrato	Kare
Raggio	Yariçap
Rettangolo	Dikdörtgen
Simmetria	Simetri
Somma	Toplam
Triangolo	Üçgen
Volume	Hacim

Meditazione
Meditasyon

Accettazione	Kabul
Calma	Sakin
Chiarezza	Açiklik
Compassione	Merhamet
Emozioni	Duygular
Felicità	Mutluluk
Gentilezza	Nezaket
Gratitudine	Minnettarlik
Mentale	Zihinsel
Mente	Akil
Movimento	Hareket
Musica	Müzik
Natura	Doğa
Osservazione	Gözlem
Pace	Bariş
Pensieri	Düşünceler
Postura	Duruş
Prospettiva	Perspektif
Respirazione	Nefes Alma
Silenzio	Sessizlik

Meteo
Hava

Arcobaleno	Gökkuşaği
Asciutto	Kuru
Atmosfera	Atmosfer
Brezza	Esinti
Cielo	Gökyüzü
Clima	Iklim
Fulmine	Yildirim
Ghiaccio	Buz
Monsone	Muson
Nebbia	Sis
Nube	Bulut
Nuvoloso	Bulutlu
Polare	Kutup
Siccità	Kuraklik
Temperatura	Sicaklik
Tempesta	Firtina
Tornado	Kasirga
Tropicale	Tropik
Tuono	Gök Gürültüsü
Vento	Rüzgâr

Misurazioni
Ölçümler

Altezza	Yükseklik
Byte	Bayt
Centimetro	Santimetre
Chilogrammo	Kilogram
Chilometro	Kilometre
Decimale	Ondalik
Grado	Derece
Grammo	Gram
Larghezza	Genişlik
Litro	Litre
Lunghezza	Uzunluk
Metro	Metre
Minuto	Dakika
Oncia	Ons
Peso	Ağirlik
Pinta	Pint
Pollice	İnç
Profondità	Derinlik
Tonnellata	Ton
Volume	Hacim

Mitologia
Mitoloji

Archetipo	Numune
Comportamento	Davraniş
Creatura	Yaratik
Creazione	Yaratiliş
Credenze	Inanç
Cultura	Kültür
Disastro	Felaket
Eroe	Kahraman
Forza	Kuvvet
Fulmine	Yildirim
Gelosia	Kiskançlik
Guerriero	Savaşçi
Immortalità	Ölümsüzlük
Labirinto	Labirent
Leggenda	Efsane
Magico	Büyülü
Mortale	Ölümlü
Mostro	Canavar
Tuono	Gök Gürültüsü
Vendetta	Intikam

Natura
Doğa

Animali	Hayvanlar
Api	Arlar
Artico	Arktik
Bellezza	Güzellik
Deserto	Çöl
Dinamico	Dinamik
Erosione	Erozyon
Fiume	Nehir
Fogliame	Yeşillik
Foresta	Orman
Ghiacciaio	Buzul
Montagne	Dağlar
Nebbia	Sis
Nuvole	Bulutlar
Santuario	Barinak
Selvaggio	Vahşi
Sereno	Sakin
Tropicale	Tropikal
Vitale	Hayati

Numeri
Şiir

Cinque	Beş
Decimale	Ondalik
Diciannove	On Dokuz
Diciassette	On Yedi
Diciotto	Onsekiz
Dieci	On
Dodici	On Iki
Due	2
Nove	Dokuz
Otto	Sekiz
Quattordici	On Dört
Quattro	Dört
Sedici	On Alti
Sei	Alti
Sette	Yedi
Tre	Üç
Tredici	On Üç
Uno	Bir
Venti	Yirmi
Zero	Sifir

Nutrizione
Beslenme

Amaro	Aci
Appetito	İştah
Bilanciato	Dengeli
Calorie	Kalori
Commestibile	Yenilebilir
Dieta	Diyet
Digestione	Sindirim
Fermentazione	Fermantasyon
Gusto	Lezzet
Liquidi	Sivilar
Nutriente	Besin
Peso	Ağirlik
Proteine	Protein
Qualità	Kalite
Salsa	Sos
Salute	Sağlik
Sano	Sağlikli
Spezie	Baharat
Tossina	Toksin
Vitamina	Vitamini

Oceano
Okyanus

Alghe	Yosun
Anguilla	Yilan Baliği
Balena	Balina
Barca	Bot
Corallo	Mercan
Delfino	Yunus
Gamberetto	Karides
Granchio	Yengeç
Maree	Gelgit
Medusa	Denizanasi
Onde	Dalgalar
Ostrica	İstiridye
Pesce	Balik
Polpo	Ahtapot
Sale	Tuz
Scogliera	Resif
Spugna	Sünger
Squalo	Köpekbaliği
Tartaruga	Kaplumbağa
Tempesta	Firtina

Paesaggi
Manzaralar

Cascata	Şelale
Collina	Tepe
Deserto	Çöl
Fiume	Nehir
Geyser	Gayzer
Ghiacciaio	Buzul
Grotta	Mağara
Iceberg	Buzdaği
Isola	Ada
Lago	Göl
Mare	Deniz
Montagna	Dağ
Oasi	Vaha
Oceano	Okyanus
Palude	Bataklik
Penisola	Yarimada
Spiaggia	Plaj
Tundra	Tundra
Valle	Vadi
Vulcano	Volkan

Paesi #2
Ülkeler #2

Albania	Arnavutluk
Danimarca	Danimarka
Etiopia	Etiyopya
Giamaica	Jamaika
Giappone	Japonya
Grecia	Yunanistan
Haiti	Haiti
Indonesia	Endonezya
Irlanda	İrlanda
Laos	Laos
Liberia	Liberya
Messico	Meksika
Nepal	Nepal
Nigeria	Nijerya
Pakistan	Pakistan
Russia	Rusya
Siria	Suriye
Sudan	Sudan
Ucraina	Ukrayna
Uganda	Uganda

Pesca
Balık Tutma

Acqua	Su
Barca	Bot
Branchie	Solungaçlar
Cesto	Sepet
Esagerazione	Abarti
Esca	Yem
Filo	Tel
Fiume	Nehir
Gancio	Kanca
Lago	Göl
Mascella	Çene
Oceano	Okyanus
Pazienza	Sabir
Peso	Ağirlik
Spiaggia	Plaj
Stagione	Sezon

Piante
Bitkiler

Albero	Ağaç
Bacca	Dut
Bambù	Bambu
Botanica	Botanik
Cactus	Kaktüs
Cespuglio	Çali
Crescere	Büyümek
Edera	Sarmaşik
Erba	Ot
Fagiolo	Fasulye
Fertilizzante	Gübre
Fiore	Çiçek
Flora	Flora
Fogliame	Yeşillik
Foresta	Orman
Giardino	Bahçe
Muschio	Yosun
Petalo	Yaprak
Radice	Kök
Vegetazione	Bitki Örtüsü

Pirati
Korsanlar

Ancora	Çapa
Avventura	Macera
Bandiera	Bayrak
Bussola	Pusula
Capitano	Kaptan
Cattivo	Kötü
Cicatrice	Yara İzi
Equipaggio	Mürettebat
Grotta	Mağara
Isola	Ada
Leggenda	Efsane
Mappa	Harita
Monete	Sikke
Oro	Altin
Pappagallo	Papağan
Pericolo	Tehlike
Rum	Rom
Spada	Kiliç
Spiaggia	Plaj
Tesoro	Hazine

Professioni #1
Meslekler #1

Allenatore	Koç
Ambasciatore	Büyükelçi
Artista	Sanatçi
Astronomo	Astronom
Avvocato	Avukat
Ballerino	Dansçi
Banchiere	Bankaci
Cacciatore	Avci
Cartografo	Haritaci
Editore	Editör
Farmacista	Eczaci
Geologo	Jeolog
Gioielliere	Kuyumcu
Idraulico	Tesisatçi
Infermiera	Hemşire
Marinaio	Denizci
Musicista	Müzisyen
Pianista	Piyanist
Psicologo	Psikolog
Veterinario	Veteriner

Professioni #2
Meslekler #2

Astronauta	Astronot
Bibliotecario	Kütüphane
Biologo	Biyolog
Chirurgo	Cerrah
Dentista	Dişçi
Detective	Dedektif
Filosofo	Filozof
Fotografo	Fotoğrafçi
Giardiniere	Bahçivan
Giornalista	Gazeteci
Illustratore	Çizer
Ingegnere	Mühendis
Insegnante	Öğretmen
Inventore	Mucit
Linguista	Dilbilimci
Medico	Doktor
Pilota	Pilot
Pittore	Ressam
Ricercatore	Araştirmaci
Zoologo	Zoolog

Riempire
Doldurmak

Bacino	Havza
Barile	Fiçi
Borsa	Çanta
Bottiglia	Şişe
Busta	Zarf
Cartella	Klasör
Cartone	Karton
Cassa	Sandik
Cassetto	Çekmece
Cesto	Sepet
Pacchetto	Paket
Scatola	Kutu
Secchio	Kova
Tasca	Cep
Tubo	Tüp
Valigia	Bavul
Vasca	Küvet
Vaso	Vazo
Vassoio	Tepsi

Ristorante #1
1 Numaralı Restoran

Allergia	Alerji
Caffè	Kahve
Cameriera	Bayan Garson
Carne	Et
Cibo	Gida
Ciotola	Tas
Coltello	Biçak
Cucina	Mutfak
Dessert	Tatli
Mangiare	Yemek
Menù	Menü
Pane	Ekmek
Piatto	Tabak
Piccante	Baharatli
Pollo	Tavuk
Prenotazione	Rezervasyon
Salsa	Sos
Tovagliolo	Peçete

Ristorante #2
Restoran #2

Acqua	Su
Aperitivo	Meze
Cameriere	Garson
Cucchiaio	Kaşik
Delizioso	Lezzetli
Forchetta	Çatal
Frutta	Meyve
Ghiaccio	Buz
Insalata	Salata
Minestra	Çorba
Pesce	Balik
Sale	Tuz
Sedia	Sandalye
Spezie	Baharat
Torta	Kek
Uova	Yumurta
Verdure	Sebzeler

Scacchi
Satranç

Avversario	Rakip
Bianco	Beyaz
Campione	Şampiyon
Concorso	Yarişma
Diagonale	Çapraz
Giocatore	Oyuncu
Gioco	Oyun
Nero	Siyah
Passivo	Pasif
Per Imparare	Öğrenmek
Re	Kral
Regina	Kraliçe
Regole	Tüzük
Sacrificio	Kurban
Sfide	Zorluklar
Strategia	Strateji
Tempo	Zaman
Torneo	Turnuva

Scienza
Bilim

Atomo	Atom
Chimico	Kimyasal
Clima	Iklim
Dati	Veri
Esperimento	Deney
Evoluzione	Evrim
Fatto	Gerçek
Fisica	Fizik
Fossile	Fosil
Gravità	Yerçekimi
Ipotesi	Hipotez
Laboratorio	Laboratuvar
Metodo	Yöntem
Minerali	Mineraller
Molecole	Molekül
Natura	Doğa
Organismo	Organizma
Osservazione	Gözlem
Particelle	Parçaciklar
Piante	Bitkiler

Scuola #1
Okul #1

Alfabeto	Alfabe
Amici	Arkadaşlar
Aula	Sinif
Biblioteca	Kütüphane
Carta	Kâğit
Cartelle	Klasör
Divertimento	Eğlence
Esami	Sinav
Insegnante	Öğretmen
Leggere	Okumak
Libri	Kitaplar
Matematica	Matematik
Matita	Kalem
Numeri	Sayilar
Penne	Kalemler
Per Imparare	Öğrenmek
Risposte	Cevap
Scrivania	Masa
Scrivere	Yazmak
Sedia	Sandalye

Scuola #2
Okul #2

Accademico	Akademik
Autobus	Otobüs
Biblioteca	Kütüphane
Calendario	Takvim
Carta	Kâğit
Computer	Bilgisayar
Dizionario	Sözlük
Educazione	Eğitim
Forbici	Makas
Giochi	Oyunlar
Grammatica	Dilbilgisi
Insegnante	Öğretmen
Letteratura	Edebiyat
Lettura	Okuma
Libri	Kitaplar
Matematica	Matematik
Matita	Kalem
Scarpe	Ayakkabi
Scienza	Bilim
Zaino	Sirt Çantasi

Spezie
Baharat

Aglio	Sarimsak
Amaro	Aci
Anice	Anason
Cannella	Tarçin
Cardamomo	Kakule
Cipolla	Soğan
Coriandolo	Kişniş
Cumino	Kimyon
Curcuma	Zerdeçal
Curry	Köri
Dolce	Tatli
Finocchio	Rezene
Liquirizia	Meyan
Noce Moscata	Ceviz
Paprika	Kirmizi Biber
Pepe	Biber
Sale	Tuz
Vaniglia	Vanilya
Zafferano	Safran
Zenzero	Zencefil

Spiaggia
Plaj

Asciugamano	Havlu
Barca	Bot
Barca a Vela	Yelkenli
Blu	Mavi
Costa	Sahil
Dock	Dok
Granchio	Yengeç
Isola	Ada
Laguna	Lagün
Mare	Deniz
Oceano	Okyanus
Ombrello	Şemsiye
Sabbia	Kum
Sandali	Sandalet
Scogliera	Resif
Sole	Güneş
Vacanza	Tatil

Sport
Spor

Allenatore	Koç
Arbitro	Hakem
Atleta	Atlet
Baseball	Beyzbol
Basket	Basketbol
Bicicletta	Bisiklet
Campionato	Şampiyon
Ginnastica	Jimnastik
Giocatore	Oyuncu
Gioco	Oyun
Golf	Golf
Hockey	Hokey
Movimento	Hareket
Palestra	Salon
Squadra	Takim
Stadio	Stadyum
Tennis	Tenis
Vincitore	Kazanan

Strumenti
Araçlar

Ascia	Balta
Cavo	Kablo
Colla	Tutkal
Coltello	Biçak
Corda	Ip
Cucitrice	Zimba
Forbici	Makas
Martello	Çekiç
Pala	Kürek
Pinze	Pense
Rasoio	Jilet
Righello	Cetvel
Ruota	Tekerlek
Scala	Merdiven
Torcia	Meşale
Vite	Vida

Strumenti Musicali
Enstrüman

Arpa	Arp
Bacchette	Baget
Banjo	Banço
Chitarra	Gitar
Clarinetto	Klarnet
Fagotto	Fagot
Flauto	Flüt
Gong	Gong
Mandolino	Mandolin
Marimba	Marimba
Oboe	Obua
Percussione	Vurma
Pianoforte	Piyano
Sassofono	Saksafon
Tamburello	Tef
Tamburo	Davul
Tromba	Trompet
Trombone	Trombon
Violino	Keman
Violoncello	Çello

Strumenti di Cottura
Pişirme Gereçleri

Bollitore	Kazan
Colino	Kevgir
Coltello	Biçak
Coperchio	Kapak
Cucchiaio	Kaşik
Filtro	Süzgeç
Forbici	Makas
Forchetta	Çatal
Forno	Firin
Frigorifero	Buzdolabi
Frullatore	Blender
Grattugia	Rende
Spatola	Spatula
Stufa	Soba
Termometro	Termometre
Tostapane	Tost

Surf
Sörf Yapmak

Atleta	Atlet
Campione	Şampiyon
Divertimento	Eğlence
Estremo	Aşiri
Forza	Kuvvet
Meteo	Hava
Oceano	Okyanus
Onda	Dalga
Popolare	Popüler
Principiante	Acemi
Schiuma	Köpük
Scogliera	Resif
Spiaggia	Plaj
Spray	Sprey
Stile	Tarz
Stomaco	Mide
Velocità	Hiz

Tecnologia
Teknoloji

Blog	Blog
Browser	Tarayici
Byte	Bayt
Computer	Bilgisayar
Cursore	İmleç
Dati	Veri
Digitale	Dijital
File	Dosya
Internet	İnternet
Messaggio	Mesaj
Ricerca	Araştirma
Schermo	Ekran
Sicurezza	Güvenlik
Software	Yazilim
Statistiche	İstatistik
Telecamera	Kamera
Virtuale	Sanal
Virus	Virüs

Tempo
Zaman

Anno	Yil
Annuale	Yillik
Calendario	Takvim
Decennio	On Yil
Dopo	Sonra
Futuro	Gelecek
Giorno	Gün
Ieri	Dün
Mattina	Sabah
Mese	Ay
Mezzogiorno	Öğle
Minuto	Dakika
Momento	An
Notte	Gece
Oggi	Bugün
Ora	Saat
Ora	Şimdi
Prima	Önce
Secolo	Yüzyil
Settimana	Hafta

Tipi di Capelli
Saç Tipleri

Argento	Gümüş
Asciutto	Kuru
Bianco	Beyaz
Biondo	Sarişin
Breve	Kisa
Calvo	Kel
Colorato	Renkli
Grigio	Gri
Intrecciato	Örgülü
Liscio	Düz
Lungo	Uzun
Marrone	Kahverengi
Morbido	Yumuşak
Nero	Siyah
Ondulato	Dalgali
Riccio	Kivircik
Sano	Sağlikli
Sottile	Ince
Spessore	Kalin
Trecce	Örgü

Uccelli
Kuşlar

Airone	Balikçil
Anatra	Ördek
Aquila	Kartal
Cicogna	Leylek
Cigno	Kuğu
Colomba	Güvercin
Cuculo	Guguk
Fenicottero	Flamingo
Gabbiano	Marti
Oca	Kaz
Pappagallo	Papağan
Passero	Serçe
Pavone	Tavus
Pellicano	Pelikan
Piccione	Güvercin
Pinguino	Penguen
Pollo	Tavuk
Struzzo	Devekuşu
Tucano	Tukan
Uovo	Yumurta

Vacanza #1
Tatil #1

Aereo	Uçak
Auto	Araba
Biglietto	Bilet
Dogana	Gümrük
Itinerario	Güzergah
Lago	Göl
Museo	Müze
Ombrello	Şemsiye
Partenza	Kalkiş
Rilassamento	Rahatlama
Spedizione	Sefer
Tram	Tramvay
Turismo	Turist
Valigia	Bavul
Valuta	Para Birimi
Zaino	Sirt Çantasi

Vacanze #2
Tatil #2

Aeroporto	Havalimani
Destinazione	Hedef
Foto	Fotoğraflar
Hotel	Otel
Isola	Ada
Mappa	Harita
Mare	Deniz
Montagne	Dağlar
Passaporto	Pasaport
Ristorante	Restoran
Spiaggia	Plaj
Straniero	Yabanci
Taxi	Taksi
Tempo Libero	Boş
Tenda	Çadir
Trasporto	Taşimacilik
Treno	Tren
Viaggio	Seyahat
Visto	Vize

Veicoli
Araçlar

Aereo	Uçak
Ambulanza	Ambulans
Auto	Araba
Autobus	Otobüs
Barca	Bot
Bicicletta	Bisiklet
Camion	Kamyon
Caravan	Kervan
Elicottero	Helikopter
Furgone	Van
Metropolitana	Metro
Motore	Motor
Pneumatici	Lastikler
Razzo	Roket
Sottomarino	Denizalti
Taxi	Taksi
Traghetto	Feribot
Trattore	Traktör
Treno	Tren
Zattera	Sal

Verdure
Sebzeler

Aglio	Sarimsak
Broccolo	Brokoli
Carciofo	Enginar
Carota	Havuç
Cetriolo	Salatalik
Cipolla	Soğan
Fungo	Mantar
Insalata	Salata
Melanzana	Patlican
Oliva	Zeytin
Patata	Patates
Pisello	Bezelye
Pomodoro	Domates
Prezzemolo	Maydanoz
Rapa	Şalgam
Ravanello	Turp
Sedano	Kereviz
Spinaci	Ispanak
Zenzero	Zencefil
Zucca	Kabak

Vestiti
Giyim

Abito	Elbise
Braccialetto	Bilezik
Calzini	Çorap
Camicetta	Bluz
Camicia	Gömlek
Cappello	Şapka
Cintura	Kemer
Collana	Kolye
Giacca	Ceket
Gonna	Etek
Grembiule	Önlük
Guanti	Eldivenler
Jeans	Kot
Maglione	Kazak
Moda	Moda
Pantaloni	Pantolon
Pigiama	Pijama
Sandali	Sandalet
Scarpa	Ayakkabi
Sciarpa	Eşarp

Virtù #1
Erdemler #1

Affascinante	Büyüleyici
Affidabile	Güvenilir
Appassionato	Tutkulu
Artistico	Sanatsal
Buono	İyi
Curioso	Merakli
Efficiente	Verimli
Generoso	Cömert
Indipendente	Bağimsiz
Intelligente	Akilli
Modesto	Mütevazi
Paziente	Hasta
Pratico	Pratik
Pulito	Temiz
Saggio	Bilge
Utile	Yararli

Congratulazioni

Ce l'hai fatta!

Speriamo che questo libro vi sia piaciuto tanto quanto a noi è piaciuto concepirlo. Ci sforziamo di creare libri della più alta qualità possibile.
Questa edizione è progettata per fornire un apprendimento intelligente, di qualità e divertente!

Le è piaciuto questo libro?

Una Semplice Richiesta

Questi libri esistono grazie alle recensioni che pubblicate.

Puoi aiutarci lasciando una recensione
ora a questo link ?

BestBooksActivity.com/Recensioni50

SFIDA FINALE!

Sfida n°1

Sei pronto per il tuo gioco gratuito? Li usiamo sempre, ma non sono così facili da trovare - ecco i **Sinonimi!**
Scrivi 5 parole che hai trovato nei puzzle (n° 21, n° 36, n° 76) e prova a trovare 2 sinonimi per ogni parola.

Scrivi 5 parole del *Puzzle 21*

Parole	Sinonimo 1	Sinonimo 2

Scrivi 5 parole del *Puzzle 36*

Parole	Sinonimo 1	Sinonimo 2

Scrivi 5 parole del *Puzzle 76*

Parole	Sinonimo 1	Sinonimo 2

Sfida n°2

Ora che ti sei riscaldato, scrivi 5 parole che hai trovato nei puzzle n° 9, n° 17 e n° 25 e cerca di trovare 2 contrari per ogni parola. Quanti ne puoi trovare in 20 minuti?

Scrivi 5 parole del **Puzzle 9**

Parole	Antonimo 1	Antonimo 2

Scrivi 5 parole del **Puzzle 17**

Parole	Antonimo 1	Antonimo 2

Scrivi 5 parole del **Puzzle 25**

Parole	Antonimo 1	Antonimo 2

Sfida n°3

Grande! Questa sfida non è niente per te!

Pronto per la sfida finale? Scegli 10 parole che hai scoperto nei diversi puzzle e scrivile qui sotto.

1.	6.
2.	7.
3.	8.
4.	9.
5.	10.

Ora scrivi un testo pensando a una persona, un animale o un luogo che ti piace.

Puoi usare l'ultima pagina di questo libro come bozza.

La tua composizione:

TACCUINO:

A PRESTO!

Tutta la Squadra

www.ingramcontent.com/pod-product-compliance
Lightning Source LLC
Chambersburg PA
CBHW082051120626
46553CB00011B/3351